t.

OÖNachrichten EDITION BY **TRAUNER**

Franz Landerl, Andreas Urich (Hrsg.)

ICH SCHAU' AUF MICH

99 Tipps für Psyche, Ernährung und Bewegung

Impressum

© 2019 by Wirtschaftskammer Oberösterreich,
Fachgruppe Personenberatung und Personenbetreuung, Hessenplatz 3, 4020 Linz

1. Auflage 2019

Strategische Beratung, Gesamtkoordination und Redaktion:
Dr. Doris Bogner, Kneidinger & Partner Kommunikationsberatung GmbH, Linz
Lektorat: Karin Schuhmann, Mag. Karin Gollowitsch
Gestaltung: Werner Schmolmüller, Linz
Layout und Umschlaggestaltung: Bettina Victor und Daniel Hauer
Umschlagfoto: stock.adobe.com
Verlag und Vertrieb: TRAUNER Verlag + Buchservice GmbH, Linz

Herstellung: Gutenberg-Werbering Gesellschaft m.b.H., Anastasius-Grün-Straße 6, 4020 Linz

ISBN 978-3-99062-570-5

oöNachrichten EDITION BY TRAUNER

ICH SCHAU' AUF MICH

99 Tipps für Psyche, Ernährung und Bewegung

Franz Landerl, Andreas Urich (Hrsg.)

Inhaltsverzeichnis

OKTOBER

NOVEMBER

DEZEMBER

ANDREAS HERZ

Obmann der Fachgruppe Personenberatung und Personenbetreuung Steiermark

Prävention und Hilfe am Weg

zu Glück und Gesundheit

Der Schreibtisch biegt sich, der E-Mail-Posteingang platzt aus allen Nähten, die Beziehung zum Partner hat schon seit geraumer Zeit ihr festes Fundament verloren, die Kinder fühlen sich in der Schule überfordert und klagen zu Hause über fehlende Zeit vonseiten der Eltern.
Bei all diesen täglichen Herausforderungen schaffen Sie es unmöglich, mit dem Rauchen aufzuhören und Ihren „inneren Schweinehund" zu überwinden, um endlich wieder mehr Sport und Bewegung zu machen. Kein Wunder also, dass auch die hartnäckigen Kilos zu viel auf den Hüften nicht und nicht verschwinden wollen.

Kennen Sie diese oder einige dieser Szenarien? Haben Sie auch immer wieder einmal das Gefühl, dass Sie Ihr Leben nicht mehr richtig im Griff haben und Ihnen alles über den Kopf wächst? Grübeln Sie oft stundenlang oder können nachts nicht schlafen, weil Sie einfach keinen Ausweg mehr wissen, wie Sie etwas an Ihrem Unwohlsein ändern können, wie Sie Ihre Ziele und Wünsche Realität werden lassen können?

Stärken Sie Ihr Ich

Das alles klingt ziemlich beängstigend. Das soll es aber nicht sein, denn für jede noch so verzwickt und ausweglos scheinende Lebenssituation gibt es Lösungen. Und auf dem Weg, diese für sich selbst zu finden, begleiten Sie die Lebens- und Sozialberater/innen mit ihrem fachlichen Know-how, ihrer geschulten Lebenserfahrung und ihrem Verständnis für die psychischen und physischen Grundlagen der menschlichen Existenz. Sie leisten Hilfe zur Selbsthilfe und führen Sie auf den Pfad zurück, auf dem Sie Ihr Leben wieder richtig im Griff haben, die Kontrolle behalten und Ihre innersten Vorstellungen und Erwartungen an ein erfülltes Dasein auch leben können.

Zauberwort Prävention

Mehr noch, denn die Lebens und Sozialberater/innen stehen nicht nur in Krisensituationen mit Rat und Tat an Ihrer Seite, sie setzen dabei auch präventiv an. Dabei helfen sie ihren Klientinnen und Klienten, schweren Erkrankungen wie Depressionen oder Burn-out vorzubeugen, ihre Fitness zu stärken und ihre Ernährung so individuell zu gestalten, wie sie es brauchen. Damit schaffen sie es, die persönliche Lebensqualität der Klientinnen und Klienten um ein Vielfaches zu steigern.

Die Lebens- und Sozialberatung gliedert sich somit in drei große Bereiche: psychologische Beratung, Ernährungsberatung und sportwissenschaftliche Beratung.

Holen Sie sich Inspiration!

Lassen Sie sich von diesem Buch der Lebens- und Sozialberater/innen

- zum Nachdenken anregen,
- informieren Sie sich über wichtige Themen wie Schlafstörungen, Burn-out und Depressionen,
- holen Sie sich Inputs, wie ein glückliches Familienleben gelingen kann oder
- wie ein harmonischer Urlaub funktioniert, und
- finden Sie Tipps rund um Ernährung, die fit macht, und
- Sportarten, die den Kopf frei machen.

Neben den vielen hilfreichen Themen, Trends und Tipps der zertifizierten Lebens- und Sozialberater/innen, die als Autoren dieses Buches auftreten, finden Sie auch deren Kontaktdaten. Vielleicht ist ja eine/einer genau in Ihrer Nähe.

Ihr
Andreas Herz, MSc.

HUBERTA GABALIER

Autorin, Mutter von Volks-Rock-'n'-Roller Andreas, Tanzprofi Willi und Toni

„Meine Seele hat geweint"

Ich schreibe mir den Schmerz mit Gedichten weg

Durch traumatische, bedrängende Ereignisse in meiner Familie vor Jahren befand ich mich in einer tiefen Trauerphase. Das Leben schien mir wie „weggeschwommen". Lesen und Schreiben war für mich besonders während dieser Jahre Therapie und ein Weg aus der Fassungslosigkeit. In den vielen schlaflosen Nächten war mir, als würde „es" durch mich schreiben. Die in mir dadurch entstehende Weite hat meinen Blick auf das Unfassbare verändert. Durch meinen festen Glauben an einen liebenden Gott entstand für mich eine andere Akzeptanz des Unverständlichen.

In dieser Zeit halfen mir auch viele Gespräche mit mir nahen und „seelenverwandten" Menschen, die mich in dieser Situation begleiteten und berieten oder mir schweigend zur Seite standen. Menschen mit besonderen Qualitäten, mit Offenheit, Freundlichkeit und ehrlicher Anteilnahme und von großer Wertschätzung ihren Mitmenschen gegenüber. Solche Menschen braucht es. Viele Artikel von kompetenten Lebensberaterinnen und Lebensberatern in diesem vorliegenden Buch zeugen von dieser Kompetenz.

In Gemeinschaft mit vielen Mitautorinnen und Mitautoren ist nun ein Ratgeber entstanden, der sicher vielen Menschen Hilfestellung und Hoffnung sein wird.

Ich gratuliere allen Beteiligten von ganzem Herzen und wünsche den Leserinnen und Lesern viel Freude und Erfolg!

Huberta Gabalier

FRANZ LANDERL

Berufsgruppensprecher der Lebens- und Sozialberater der Wirtschaftskammer OÖ

Eine Ein- und Anleitung für Sie,

liebe Leserinnen und Leser!

Wie erlangt man Reife, Lebenserfahrung und Souveränität? Wenn ich auf mein Leben schaue, wovon oder von wem ich für mich am meisten gewonnen und was ich verinnerlicht habe, so waren dies oftmals kleine Ideen, Anregungen, Appetizer, Aussagen und persönliche Zugänge von Menschen, ob bekannt oder nicht, die mir gerade im richtigen Moment in die Augen sprangen. Die ich zufällig aufgeschnappt habe, zugelassen habe und die mich „beseelt" haben.

Das war auch die Idee zu diesem Anregungsbuch. Wir verstehen es nicht als Belehrung mit erhobenem Zeigefinger, sondern als Inspiration und Motivation. Unser aller Bestreben ist, dass der Motor unseres Daseins gut und problemlos läuft. Aber wie jeder Motor in jeder Maschine regelmäßig Service braucht, manchmal auch zu stottern beginnt, so ist es keine Schande, wenn auch das Wunderwerk Mensch externe Unterstützung braucht.

Mit dem vorliegenden Buch haben wir 99 Tipps für Psyche, Bewegung und Ernährung zusammengestellt, die in so manchen Situationen einen nötigen „Re-Start" unterstützen, wiewohl wir alle Lösungen in uns selbst tragen. Vielleicht wecken die Tipps in Ihnen auch einfach die Lust, Neues auszuprobieren. Es sind Anregungen und Anstöße zu kleinen Veränderungen, die eine nachhaltige Wirkung auf den Lebensalltag haben. Dabei geht es uns um einen ganzheitlichen Ansatz des Menschen als Einheit von Geist, Seele und Körper. Dieser Ansatz ist in unserer Berufsgruppe der Lebensberater durch die Psychologischen (gekennzeichnet in der Farbe **Pflaume**), die Sportwissenschaftlichen (Farbe **Blau**) und die Ernährungswissenschaftlichen Berater (Farbe **Creme**) gut vertreten.

Monatsweise finden Sie verschiedene „Welttage". Die einen sind vielleicht schon ins Bewusstsein gerückt, andere sind bis dato eher unbekannt und sollen augenzwinkernd zum Innehalten anregen. Weltweit werden die einzelnen Tage an teils unterschiedlichem Datum begangen. Wir haben ein Datum ausgewählt, das im zentraleuropäischen Raum üblich ist.

Das Buch braucht nicht chronologisch von Beginn bis zum Schluss gelesen werden, fangen Sie einfach mit dem an, was Sie am meisten anspricht.
Bei der Auswahl der Tipps wurden Themen bestimmten Monaten zugeordnet, wie etwa „gute Vorsätze" dem Jänner oder „Trauer und Abschied" dem November, wohl wissend, dass es ganzjährig gute Vorsätze oder Situationen der Trauer geben kann.
Die einzelnen Tipps sind quasi ein „Best of", sie entstammen einer 14-tägig erscheinenden Serie im Gesundheitsteil der Oberösterreichischen Nachrichten.
Danke an unsere Kolleginnen und Kollegen der Lebens- und Sozialberater für die Bereit-schaft, für dieses Projekt ihr Know-how zur Verfügung zu stellen.

Der Titel des Buches „Ich schau' auf mich" weist auf das bewusste „Sich-etwas-wert-Sein" hin, sich selbst wichtig sein heißt auch mutig sein. Angst beginnt im Kopf – Mut auch.
Wir laden Sie ein, mutig zu sein und auf sich zu schauen, weil Sie es sich wert sind.

Ihr
Mag. Franz Landerl

Farbzugehörigkeit der einzelnen Tipps zu den drei Lebensbereichen

- **Pflaume:** Psychologie
- **Blau:** Bewegung
- **Creme:** Ernährung

Ein neues Jahr beginnt. Damit einher geht der Wunsch vieler, etwas im Leben zu verändern: den Job, das Gewicht, die Sportlichkeit, den Partner. Nur etwas mehr als ein Drittel der über 15-Jährigen in Österreich gibt an, mit seinem Leben sehr zufrieden zu sein. Aber rund jeder Neunte stuft seine Zufriedenheit als gering ein (Studie: Wie geht's Österreich?, Statistik Austria 11/2018).

So sicher wie das Amen im Gebet haben viele rund um Silvester gute Vorsätze. Wenige Tage später sind 90 Prozent passé, sagen die Statistik und Neurologie. Ja, der innere Schweinehund hat wieder gesiegt. Gewohnheiten zu verändern, ist schwierig und aufwendig. Woran liegt das? Eine Antwort liegt in unserem Gehirn. Es verbraucht rund ein Drittel aller zugeführten Kalorien. Damit der Verbrauch nicht noch mehr wird, spart es Energie, wo es nur geht. Sich nicht zu bewegen und nicht zu denken, braucht wenig Energie. Gewohntes läuft automatisch ab, ohne Denkleistung. Wer denkt noch beim Autofahren bewusst ans Kuppeln? 90 Prozent unseres Alltags werden durch Gewohnheiten geprägt. Die Strategie, beim Altbewährten zu bleiben, statt Risiken einzugehen, ist tief in uns verwurzelt. Das Festhalten am Bekannten dürfte ein Überlebensvorteil sein.

Ist das nun die perfekte Ausrede, um nichts ändern zu müssen? Um an guten Vorsätzen gleich vorweg zu scheitern? Nicht unbedingt. Das Neue, insbesondere ein neues Verhalten, muss neurologisch neu gespurt werden. Dazu braucht es Konzentration, Bewusstsein und Zeit. Die Sache der Veränderung dauert, ist also ein Trainingsprozess.

Wie man die Wahrscheinlichkeit erhöht, gute Vorsätze auch wirklich durchzuziehen, erfahren Sie hier.

FRANZ STEINBERGER

Warum wir an guten Vorsätzen oft scheitern

Ein Wunsch kann in Erfüllung gehen, ein Ziel muss man erreichen

Das Rauchen abgewöhnen, mehr Sport machen, fünf Kilos abspecken. Gerade zum Jahreswechsel nehmen sich viele wieder ein Herz, mit Zielen und guten Vorsätzen ins „Neue Jahr" zu starten. Positive Vorhaben verdrängen das schlechte Gewissen – zumindest für eine bestimmte Zeit. Leider liegen dem Vorsatzreigen nur selten ernsthafte Zielsetzungen zugrunde. Daher sind die guten Vorsätze meist am 2. Jänner schon wieder abgetan. Schade, denn so wird die persönliche Entwicklung eingeschränkt. Mit jedem Ziel oder Vorhaben, das man definiert und nicht umsetzt, entsteht eine negative Gefühlslage. Selbstvertrauen, Selbstwert und Selbstbewusstsein werden kleiner. Aber warum bloß werden wir schwach?

Was lässt uns scheitern?

Auf Platz drei nach Essen und Trinken ist die „Anerkennung" das Wichtigste in unserem Leben. Also geht man mit seinen Vorsätzen augenblicklich an die „Öffentlichkeit". Wir wollen uns sofort die Lorbeeren abholen, um jene Anerkennung zu ergattern, die normalerweise erst nach Erreichung des Zieles gegeben wird. Damit bewirken wir jedoch das Gegenteil! Aussagen aus dem Umfeld wie „Du wirst ja nicht wirklich glauben, dass das machbar ist" schwächen die Vorsätze enorm. Dies passiert auf der unbewussten Ebene unseres Gehirns und der innere Zweifel wird gestärkt. Daher ist es zielführender, ein persönliches Vorhaben nicht „öffentlich" zu machen, sondern den Weg bis zur Erreichung des Zieles konsequent und nur mit sich zu gehen. Erst danach kann man sich die Lorbeeren von anderen abholen.

Einsatz klar festlegen

Ein weiterer Fallstrick für den Erfolg ist, dass die wenigsten vorher den Aufwand definieren, der zur Zielerreichung notwendig ist. Vielmehr haben sie bei anderen Personen gesehen, dass es glücklich macht, etwas zu schaffen, was man sich erarbeiten konnte. Entscheidend ist, ob es ein Wunsch ist oder ein Ziel vorliegt. Ein Wunsch kann in Erfüllung gehen, ein Ziel muss man erreichen. Daher ist es notwendig, dass vor Beginn drei Fragen mit „Ja" beantwortet werden. Will ich es? Kann ich es? Bin ich bereit, den klaren Aufwand dafür zu erbringen? Hat man das Ziel endlich erreicht, soll man nicht gleich zum nächsten eilen. Jetzt heißt es,

innezuhalten, zufrieden zu sein, quasi Erntedank zu feiern. Nur damit bleiben oder werden Selbstwert, Selbstvertrauen und Selbstbewusstsein ausreichend ausgebildet.

Viele wollen im neuen Jahr mehr Sport machen. Die dunkle Jahreszeit, die Kälte und die gemütliche Stube halten einen davon ab. Und ein kleiner fieser Buchstabe namens „s".

MANFRED SIMONITSCH

Wie war das mit den guten Vorsätzen?

Ersetzen wir das Sollen durch das Wollen, und es wird gelingen

Abseits der zehn Gebote sollen wir tagtäglich Hunderte Dinge tun: Stiegen steigen statt den Lift nehmen, Gemüselaibchen essen statt Schweinsbraten, wertschätzend sein statt grantig, duschen statt baden. Endlos ließe sich diese Liste fortsetzen. Alles für das Wohlbefinden und Allgemeinwohl. Der Jahresbeginn eignet sich traditionell besonders gut für neue Vorsätze. Was die Bewegung betrifft, so motiviert die eigene Körperform dazu, einfach mehr zu tun. Damit dann bis zum Frühjahr die Figur passt, wenn man sich leicht bekleidet zum Schwimmen trifft.

Der nächste Sommer kommt

Aber wie soll man sich am besten bewegen? Abwechslungsreich soll es sein, im richtigen Tempo – also nicht zu schnell und nicht zu langsam. Ausdauer, aber auch Kraft soll man trainieren und dabei aufpassen, dass alles richtig gemacht wird. Und nicht zu vergessen – die Beweglichkeit üben! Klingt insgesamt ziemlich anstrengend und kompliziert.

Erstens, zweitens, drittens

Aber das muss nicht so sein. Erstens: Sollen Sie gar nichts, denn wer sagt Ihnen, was Sie sollen? Nehmen Sie sich nur Dinge vor, die Sie auch wirklich machen WOLLEN. Das ist die einzig wichtige Voraussetzung, wenn auch zugegeben die schwierigste. Es bringt gar nichts, mit etwas zu beginnen, das man eigentlich nicht will. Machen Sie sich bewusst – vielleicht mit professioneller Hilfe –, was Ihnen richtig Spaß macht, also was Sie wirklich wollen. Dann definieren Sie für sich ganz genau, wie Sie das umsetzen werden, Schritt für Schritt. Immer kontrollierbar und immer mit einem Lächeln im Gesicht. Zweitens: Nutzen Sie elektronische Geräte wie Handys als Erinnerungshilfe. Drittens: Nehmen Sie sich immer nur eine neue Sache vor. Ist es etwas, was Sie täglich anders machen wollen? Dann brauchen Sie dafür nur sechs bis acht Wochen und es ist vollbracht – Sie haben eine neue Gewohnheit in Ihr Leben integriert.

Die Devise lautet: Durchhalten!

Bleiben Sie dran, als ginge es um Ihr Leben. Kämpfen Sie dafür, dass Sie das, was Sie wirklich wollen, ohne Ausnahmen ein paar Wochen durchziehen. Dann werden Sie reichlich dafür belohnt – vor allem mit noch mehr Selbstvertrauen. Falls Sie mehr Bewegung machen wollen, erhalten Sie rundherum mehr Lebensqualität durch noch bessere Sauerstoffversorgung. Auf ein aktives gesundes neues Jahr!

Wer zum Jahresbeginn etwas Gewicht verlieren will, weil sich die Vanillekipferl und der Gänsebraten auf die Hüften geschlagen haben, sollte keinesfalls eine Diät machen. Besser ist es, seine Ernährung umzustellen. Dazu gibt es zahllose Buchratgeber und es werden täglich mehr. Als Konsument ist man überfordert, ja sogar verwirrt, weil sich manche sogar widersprechen. Alle Ernährungsberater hingegen sind sich einig, dass unser Fleischkonsum viel zu hoch, dafür der von Obst und Gemüse zu niedrig ist. Die WHO* hat eine Warnung herausgegeben, bei der auf den nachgewiesenen Zusammenhang von hohem Fleisch- und Wurstkonsum mit Krebsentstehung hingewiesen wurde.

* Fachbegriff „Weltgesundheitsorganisation"
Die Weltgesundheitsorganisation (engl. World Health Organization, WHO) ist die Koordinationsbehörde der Vereinten Nationen für das internationale öffentliche Gesundheitswesen mit Sitz in Genf. Sie wurde am 7. April 1948 gegründet und zählt heute 194 Mitgliedsstaaten. Ihr Ziel ist es, das bestmögliche Gesundheitsniveau bei allen Menschen weltweit zu verwirklichen. Ihre Hauptaufgabe ist die Bekämpfung der Erkrankungen, mit besonderem Schwerpunkt auf Infektionskrankheiten.

JUTTA DIESENREITHER

Weniger Fleisch – mehr Wohlbefinden

So können Fleischtiger übermäßigen Konsum einschränken

Wir essen zu viel Fleisch. Viel zu viel. Besonders zu den Feiertagen. Darum ist jetzt eine gute Gelegenheit, den eigenen Fleischverzehr kritisch zu hinterfragen. Wie es gelingt, diesen etwas einzudämmen, zeigt dieses Ernährungsschema. Das geht leichter als gedacht, und zwar ohne Genussverlust. Ihr Körper wird es Ihnen danken.

Ausgeruht und mit guten Vorsätzen starten viele ins neue Jahr. Die schmackhaften Festtagsgerichte wie Bratwürstel, Wurstplatten, Fondue oder Gans haften an Hüften und Gewissen. Jetzt heißt es handeln.

Bewusster essen

In Österreich stagniert der Fleischkonsum zwar seit zehn Jahren, das aber auf hohem Niveau. Laut Statistik Austria werden zwischen 65 und 70 Kilogramm Fleisch pro Kopf und Jahr konsumiert. Das entspricht rund 1,2 Kilogramm pro Woche. Die aktuelle Ernährungsempfehlung liegt hingegen bei nur 300 bis 450 Gramm Fleisch. Noch größer ist die Abweichung bei Wurst. Hier sollten es 50 bis 100 Gramm Wurst pro Woche sein. Doch die Österreicher essen ein Vielfaches davon. Bereits der Genuss EINER Extrawurst- oder Leberkäsesemmel verschlingt diese Empfehlung.

Was sollen wir statt Fleisch und Wurst kochen und essen? Ein Wochenkonzept mit gewisser Struktur verhilft zu einem bunten und abwechslungsreichen Speiseplan.

Mit Wochenschema gelingt's

Erstellen Sie sich vor dem nächsten Großeinkauf von Lebensmitteln einen Wochenspeiseplan. An drei Tagen darf es ein Fleischgericht sein. Einmal pro Woche steht Fisch am Tisch. Dies muss nicht traditionell der Freitag sein, aber ein fixer Tag erleichtert die Umsetzung. Eine süße Hauptspeise kann ebenfalls geplant werden. An den übrigen beiden Tagen gibt es fleischlose Gerichte wie Nudeln mit Tomatensauce, Lauchrisotto, Blattspinat-Schafkäsestrudel, Gnocchi mit Käsesauce etc.

Abends darf zweimal pro Woche Wurst gegessen werden. Sonst wählen wir Käse und Topfenaufstriche. Salate mit Couscous oder Hülsenfrüchten erweitern den Menüplan.

Als kaltes Fischgericht bieten sich geräucherte Forelle, Makrele, Lachs pur oder als Aufstrich an. Gerade in der kalten Jahreszeit schmeckt abends eine warme Gemüsesuppe mit Brot.

JUTTA DIESENREITHER

Gut und gesund ernährt durch die Woche

Leicht umsetzbare Empfehlungen für den Menüplan

	Mittag	Abend
Montag	Spinatnockerl mit Käsesauce, grüner Salat	Vollkornbrot mit Schinken, Paprika
Dienstag	Cremesuppe von roten Linsen Kaiserschmarrn mit Pfirsich-kompott	Geräuchertes Forellenfilet mit Krentopfen, Hausbrot, Gurken-scheiben
Mittwoch	Hähnchen-Mozzarella-Spieß auf Blattsalaten, Vollkornbaguette	Schnittkäse mit Tomaten und Weintrauben, Brot
Donnerstag	Gemüselaibchen mit Knob-lauchdip, Salat	Schnittlauchtopfen, Vollkorn-weckerl, Karotten- und Kohlrabi-sticks
Freitag	Fischcurry mit Jasminreis	Gemischte Salatschüssel mit Käferbohnen, gekochtes Ei, Vollkornbrot
Samstag	Gefüllte Zucchini mit Bulgur und Tomatensauce	Kalter Braten, Essiggurkerl, Senfgurken, Brot
Sonntag	Rindsroulade mit Teigwaren, Salat	Landfrischkäse mit Gurken-scheiben und Vollkornbrot

Sie kennen sicher den „Tag des Apfels", den „Valentinstag" oder den „Muttertag". Manche haben ein fixes Datum, andere ein flexibles. Einige dieser – teilweise kuriosen –

„Welttage des …" oder „Aktionstage" werden hier vorgestellt. Einer davon ist gleich der 1. Jänner: Der Neujahrstag ist gleichzeitig der „Weltfriedenstag".

WELTFRIEDENSTAG, 1. JÄNNER

Seit 1968 begeht die katholische Kirche einen „Weltfriedenstag". Dies ist der 1. Jänner, das Hochfest der Gottesmutter. Die Feier ist jährlich mit einer vorab veröffentlichten Weltfriedensbotschaft des Papstes verbunden, die ein konkretes Thema näher erörtert. Bis heute gibt der amtierende Papst alljährlich Botschaften heraus, in denen aktuelle Gerechtigkeitskonflikte – neben Krieg und Vertreibung auch Umweltzerstörung – diskutiert werden, häufig mit Blick auf konkrete Geschehnisse der Gegenwart.

Für die Vereinten Nationen steht der 21. September seit 1982 ganz im Zeichen des Friedens. Denn dieses Datum erklärte die UN-Generalversammlung im Jahr davor zum Weltfriedenstag beziehungsweise zum Internationalen Tag des Friedens. Es sollte ein Tag der Gewaltlosigkeit und des Waffenstillstands sein.

Frieden meint nicht nur Wegfall von Gewalt mit und ohne Waffen. Frieden ist auch eine Art, wie wir miteinander kommunizieren. Wortwahl, Lautstärke, Tonfall und Körpersprache sind bereits eine Botschaft und beeinflussen den Inhalt des Gesprochenen. Ja, der Ton macht die Musik.

TIPP
5

ANDREAS URICH

Worte können Mauern oder Fenster sein

Wie die bedürfnisorientierte Kommunikation Konflikte vermeidet

Die Giraffe gilt wegen ihres langen Halses und großen Herzens als weitsichtig und einfühlsam. Doch was hat die Giraffe mit Kommunikation zu tun? Für den Psychologen

Dr. Marshall Rosenberg ist sie das Symbol der von ihm entwickelten „Gewaltfreien Kommunikation".

Wir sind okay

Diese Art sich mitzuteilen orientiert sich an den Bedürfnissen der Menschen. Sie ist vor allem auf Empathie* aufgebaut und fußt auf der Lebenseinstellung: Ich bin okay – du bist okay. Es lohnt sich, diese verbindende Methodik in allen Lebensbereichen einzusetzen: Familie, Freizeit, Beruf. Gerade was den Arbeitsplatz betrifft, kommt beinahe jede zweite Äußerung in Besprechungen nicht so an, wie sie gemeint ist. Bedürfnisorientierte Kommunikation am Arbeitsplatz orientiert sich an Führungskräften, Mitarbeitern und Organisationen.

Vier Schritte zum Ziel

Diese Art zu kommunizieren vermeidet unsere gewohnte, oftmals vorwurfsvolle Sprache. Sie ist in vier Schritten aufgebaut: An erster Stelle steht die Beobachtung, die dem Gesprächspartner rückgemeldet wird, ohne zu bewerten. Der zweite Schritt beinhaltet die Beschreibung des eigenen Gefühls, dessen man sich erst bewusst werden muss. Ärgert es mich, macht es mich traurig? Das dahinterliegende Bedürfnis wird dann als dritter Schritt mitgeteilt. Hier drängt sich die Frage auf: Was brauche ich? Zu guter Letzt wird eine klare Bitte anstelle einer Forderung geäußert.

Wirkung gewaltfreien Sprechens

In einer forensisch-psychiatrischen Klinik mittlerer Sicherheitsstufe in Mendota/Kalifornien wurde die Methode der bedürfnisorientierten Kommunikation eingeführt. Daraufhin ging die Anzahl der Isolierungen und Fixierungen von 33 (im Jahr 2003) auf 6 (2006) zurück. Ebenso reduzierte sich die durch Isolierungen hervorgerufene Zeit der Einzelbetreuung von 92 auf 6 Stunden. Die Anzahl der Verletzungen und der damit verbundene Krankenstand der Mitarbeiter fiel innerhalb einiger Monate auf null.
Wenn es in dieser Einrichtung geklappt hat, funktioniert es auch in anderen Arbeits- und Lebensbereichen.

* Fachbegriff „Empathie"

Empathie kann als Einfühlungsvermögen übersetzt werden. Empathie bezeichnet die Fähigkeit und Bereitschaft, Empfindungen, Emotionen, Gedanken, Motive und Persönlichkeitsmerkmale einer anderen Person zu erkennen, zu verstehen und nachzuempfinden. Grundlage der Empathie ist die Selbstwahrnehmung – je offener eine Person für ihre eigenen Emotionen ist, desto besser kann sie auch die Gefühle anderer deuten.

ANDREAS URICH

Sportliche Betätigung ist friedensstiftend

Sport baut Stress ab, vermittelt Werte und verbindet Völker

Sportliche Betätigungen fördern den inneren Frieden, die innere Ruhe. Durch Bewegung an sich werden Stresshormone, die sich während des anstrengenden Alltags aufgebaut haben, wieder abgebaut und positive Botenstoffe (Glückshormone) ausgeschüttet. Glücksgefühle, Flow-Erlebnisse und Entspannung treten ein. Unerwünschte Emotionen wie beispielsweise Ärger treten nach körperlicher Betätigung in den Hintergrund. Somit wirkt Sport gewaltpräventiv und kann als natürliches Anti-Aggressionstraining angesehen werden. Darüber hinaus schließen Sport und Drogen einander aus. Damit hat Sport auch einen suchtpräventiven Charakter.

Bewegung von klein auf

Bereits in Kinderjahren werden wichtige Werte vermittelt und somit soziale Kompetenzen erlernt: Wertschätzung, Team Spirit, gegenseitiges Verständnis, Kooperation, Konzentration auf die unterschiedlichen Stärken im eigenen Team, Respekt für den Gegner, Einhalten von Regeln, Umgang mit Sieg und Niederlage sowie Fairplay-Gedanken, die für ein gelungenes Miteinander wichtig sind.

Sport ist wesentlich mehr als nur gesundheitsfördernd: Sport führt zu mehr Ausgeglichenheit, Gelassenheit und Entspannung und erhöht die soziale und emotionale Intelligenz durch Erlernen diverser Fertigkeiten. Er stärkt den Selbstwert und führt zu einem positiveren Selbstbild. Durch regelmäßigen Sport kommt der Mensch mehr mit sich ins Reine, was zu vermehrter Selbstakzeptanz führt. Je höher die Selbstakzeptanz, desto höher die Akzeptanz und Toleranz meinen Mitmenschen gegenüber.

Sport überwindet Grenzen

Darum fördert Sport Frieden im Sinne friedlichen Zusammenlebens. Sport bedient sich einer universellen Sprache, die über politische und kulturelle Grenzen hinaus verstanden werden kann. Sport baut Brücken, dient als effizientes Kommunikationsmittel und verbindet Kulturen und Religionen. Sport wird bereits seit der Antike als friedensstiftend angesehen und auch heutzutage noch als diplomatisches Instrument eingesetzt. Sinn macht das dann, wenn die Politik aus dem Sport weggelassen wird. Bilder, die bei den Olympischen Spielen in Sydney 2000 und in Athen 2004 und in Südkorea 2018 um die Welt gingen, als die Mannschaften von Nord- und Südkorea unter einer gemeinsamen Flagge einliefen, können als Friedensbotschaften angesehen werden.

Sport und Frieden sind ein erfolgreiches Gespann. Wer den Frieden mit sich und seinem Gegenüber gefunden hat, darf ihn auch etwa mit Umarmungen zeigen. Sich fest oder sanft zu drücken, tut einfach gut. Uns und dem Umarmten. Sehr wahrscheinlich würde es mehr Frieden auf Erden geben, wenn wir uns öfter umarmen und mehr kuscheln würden. Beides ist so wichtig für soziale Wesen, wie wir es sind, dass es ihnen zu Ehren sogar einen Weltkuscheltag gibt. Wie wichtig körperliche Nähe ist, zeigt sich daran, dass Babys ohne sie nicht überlebensfähig wären.

WELTKUSCHELTAG, 21. JÄNNER

Der Weltkuscheltag, auch Weltknuddeltag bzw. National Hugging Day genannt, wird seit 1986 gefeiert und soll an die positive Wirkung des Hormons Oxytocin* erinnern. 1986 wurde er von den Amerikanern Kevin Zaborney und Adam Olis mit dem Ziel ins Leben gerufen, dass Menschen sich öfter umarmen und kuscheln sollten. Innerhalb weniger Jahre hat sich der Weltkuscheltag weltweit verbreitet. Er wird in Kanada, England, Australien, Polen, Russland, Deutschland und auch in Österreich gefeiert. Dass der Weltkuscheltag auf den 21. Jänner fällt, ist kein Zufall: Er liegt nämlich zwischen den beiden sehr emotionalen Festen Weihnachten und dem Valentinstag. Zärtlichkeit, Zuneigung, Berührung und Nähe sind für uns Menschen wichtig. Schon Babys werden mit dem Grundbedürfnis nach Nähe geboren und könnten ohne diese nicht überleben. Nähe tut aber nicht nur Kindern gut, sondern jedem. Kuscheln ist eine Art Medizin, wie das Zentrum für Hirnforschung der Medizinischen Universität Wien 2013 bekanntgab. Unglaublich: Bereits eine Umarmung von 20 Sekunden löst die Bildung des Bindungshormons Oxytocin aus und wirkt wie ein natürliches Antidepressivum. Kuscheln hat noch weitere zahlreiche gesundheitliche Vorteile. Kuscheln …

- stärkt das Immunsystem
- hemmt die Ausschüttung von Cortisol
- senkt den Blutdruck und wirkt Herz-Kreislauf-Krankheiten entgegen
- beugt Burn-out vor
- sorgt für ein Gefühl von Geborgenheit
- hat eine beruhigende Wirkung
- unterstützt den Stressabbau
- stärkt die soziale Kompetenz und Bindung zum Partner

Doch Vorsicht: Die positive Wirkung entfaltet sich nur, wenn wechselseitige Gefühle im Spiel sind und wir uns in der Umarmung wohlfühlen. Nur dann werden die Glückshormone freigesetzt.

* Fachbegriff „Oxytocin"

Der Wirkstoff Oxytocin wird im Gehirn vom Hypothalamus gebildet und von der Hypophyse ausge-schüttet. Es ist ein Hormon, welches eine wichtige Bedeutung beim Geburtsprozess einnimmt. Oxytocin bewirkt wissenschaftlichen Studien zufolge unter anderem die sexuelle Erregung, das Bindungsverhalten und die mütterliche Fürsorge für das Neugeborene. Gleichzeitig beeinflusst es ganz allgemein soziale Interaktionen. Es spielt auch bei Gruppen- und Angstverhalten eine Rolle.

**TIPP
7**

DORIS KAISER

Warum tut uns Kuscheln so gut?

Berührungen und körperliche Nähe sind Grundbedürfnisse

Kuscheln entspannt, stärkt die Bindung zwischen dem Paar, spendet Trost und vermittelt das Gefühl der Geborgenheit. Beim Kuscheln zeigen sich die Partner, dass sie sich mit-einander wohlfühlen. Bei liebevollen Berührungen wird das Bindungshormon Oxytocin ausgeschüttet. Daher tut uns Kuscheln so gut! Wenn Sie noch einen Schritt weiter gehen und ein Liebesspiel folgt, wird das Belohnungssystem im Gehirn aktiviert. Die beim Sex ausgeschütteten Endorphine sind absolute Glücklichmacher! Viele Menschen klagen in der Winterzeit über schlechte Laune und Antriebslosigkeit. Sehr oft ist der Lichtman-gel dafür verantwortlich. Wenig Licht regt die Produktion des körpereigenen Hormons Melatonin an, das uns müde macht. Und wenn einen der Winterblues bereits auf das Sofa verbannt, kann man dort gleich auch mit jemandem kuscheln.

Mein Partner ist ein Kuschel-Muffel

Wenn der oder die Liebste körperliche Nähe nicht so gerne hat, kann man das Kuscheln in Rituale einbauen, wie etwa beim Fernsehen oder beim Einschlafen. Kuscheln kann man auch damit verbinden, seinem Partner aus einem erotischen Buch vorzulesen oder sich gemeinsam einen sinnlichen Film anzusehen! Es muss nicht immer Kuscheln sein: Auch eine Massage ist eine gute Möglichkeit für den Austausch von Berührungen und Zärtlich-keit, ebenso wie ein gemeinsames Bad.

Egal, wie lange man schon zusammen ist: Berührungen und körperliche Nähe sind menschliche Grundbedürfnisse. Doch während frisch Verliebte meist kaum die Hände voneinander lassen können, nimmt die körperliche Nähe in langfristigen Beziehungen oft ab.

Auch Singles dürfen kuscheln

Machen Sie es sich zu Hause bei Kerzenlicht, einer Tasse Tee oder einem Glas Wein gemütlich, lesen Sie ein gutes Buch oder schauen Sie Ihre Lieblingsserie an und freuen Sie sich, dass Sie sich mit niemandem um die Fernbedienung streiten müssen! Laden Sie Freunde ein! Gemeinsames Kochen und Essen tut Leib und Seele gut. Umarmen Sie bewusst Ihre Freunde – auch dabei wird das Glückshormon Oxytocin ausgeschüttet, ebenso wenn Sie mit Ihren Kindern oder Ihrem Haustier kuscheln. Wenn Ihnen zu Hause die Decke auf den Kopf fällt, verbringen Sie einen Tag in der Sauna oder ein Wochenende in einer Therme und gönnen Sie sich auf jeden Fall eine Massage!

Körperliche Nähe, Kuscheln und Berührungen sind eine Wohltat für unsere Seele. Die beruhigende Wirkung baut Stress ab, wir fühlen uns geborgen. Körperlich betrachtet senkt Kuscheln den Blutdruck, schützt also vor Herz-Kreislauf-Erkrankungen und stärkt das Immunsystem. Das ist gerade zur kalten Jahreszeit enorm wichtig. Was kann man sonst noch für die Immunabwehr tun? Die einen zählen auf Saunagänge und Kneippen, die anderen auf Zufuhr von Vitamin C. Lässt sich das Immunsystem durch Ernährung wirklich stärken?

TIPP 8

ERIKA MITTERGEBER

Ernährung für ein starkes Immunsystem

Iss den Schnupfen einfach weg

Wenn rundherum gehustet und geschnäuzt wird, ist der Angriff der Bazillen auf die eigene Gesundheit meist nicht mehr weit. Mit dem richtigen Essen und Trinken stärken Sie Ihre Abwehrkräfte so, dass Sie den Schnupfenviren die kalte Schulter zeigen können.

Der Mensch besitzt ein ausgeklügeltes System, wie er in den Körper eindringende Krankheitskeime unschädlich macht. Zuständig dafür ist das Immunsystem. Es spürt Bakterien und Viren auf und zerstört sie.

Jedoch können viele Einflüsse das Immunsystem schwächen. Es sind sehr oft Lebensstilfaktoren wie Rauchen, Alkohol, Schlaf- und Bewegungsmangel sowie Stress, die für geschwächte Abwehrkräfte sorgen. Strenge Diäten und einseitige Ernährungsgewohnheiten machen es dem Immunsystem zusätzlich schwer, seiner Aufgabe wirkungsvoll nachzukommen.

Grippeschutz beginnt beim Frühstück

Power fürs Immunsystem liefert ein Frühstück bestehend aus Müsli mit Joghurt und Obst oder Vollkornbrot mit Käse und Radieschen. Das liefert bereits beim Start in den Tag Brennstoff für die Abwehrzellen. Wer es auf seinem Mittagsteller mit den Farben des Regenbogens hält und für tägliche Gemüse- und Salatportionen sorgt, gibt seinem Körper Vitamine, Mineralstoffe und sekundäre Pflanzenstoffe. Speziell reif geerntetes, regionales Obst und Gemüse ist reich an diesen lebenswichtigen Wirkstoffen.

Im Winter ist die Luft in den beheizten Räumen besonders trocken. Das stört die Schleimhautbarriere in Hals und Rachen. Die Schleimhäute brauchen Flüssigkeit, damit keine Krankheitskeime eindringen können. 1,5 bis 2 Liter Wasser oder Tee über den Tag verteilt getrunken hält die Schleimhäute feucht und schützt vor Viren und Bakterien, die sich im Hals festsetzen.

Wenn es einen doch erwischt, helfen Hausmittel wie heiße Hühnersuppe gegen verstopfte Nase und warme Milch mit Honig gegen Halsschmerzen. Auch probiotische Joghurts können die Genesung unterstützen, weil sie das Immunsystem anregen.

Crashdiäten schwächen

Weil der Lebensstil nicht nur im Winter die Abwehrkräfte beeinflusst, ist eine ausgewogene Ernährung das ganze Jahr über wichtig. So besteht zum Beispiel ein Zusammenhang zwischen Übergewicht und einer erhöhten Rate an Infektionskrankheiten. Jedoch sind Crashdiäten keine Lösung, denn auch sie schwächen die Immunabwehr. Erfolgreiches Abnehmen ohne labiles Immunsystem lässt sich mit ausgewogener Ernährung und dem richtigen Maß an Bewegung erreichen. Sehr oft ist es hilfreich, eine professionelle Betreuung auf dem Weg zum Wunschgewicht in Anspruch zu nehmen. Daneben helfen regelmäßige Bewegung und der richtige Umgang mit Stress und Belastungen, dass Ihr Immunsystem wirksam Krankheiten vermeiden und bekämpfen kann.

FEBRUAR

Die Feste der letzten Monate waren zahlreich: Weihnachtsfeiern, Silvesterpartys, Faschingsgschnas. Damit einher gehen auch Gelegenheiten zur Untreue. Beruflicher Druck zum Jahresende wie auch zu Jahresbeginn verbunden mit familiären Konflikt-Hochzeiten rund um die Feiertage spülen uns geradewegs in die offenen Arme anderer. Das närrische Treiben des Faschings mit seiner Ausgelassenheit, den Masken als Versteck und als Persilschein für Freizügigkeit gestatten es uns endlich einmal, die Sau rauszu-lassen. Der Alkohol tut dann noch sein Übriges. All dies stellt Verlockungen dar, denen zu widerstehen nicht einfach ist. Wenn dann noch der Haussegen schief hängt, ist der Seitensprung nicht mehr weit. Und der Kater am nächsten Morgen …

KLAUDIA LUX

Ist ein Seitensprung der Anfang vom Ende?

Ohne Schuldzuweisung hinzuschauen schafft neue Nähe

Unsere Vorstellung von Liebe basiert auf Exklusivität und Treue. Die Statistik ernüchtert: Fast jeder wird irgendwann im Laufe seines Lebens mit einem Seitensprung konfrontiert.

Erwischt!

Elfi und Walter sind schon ewig verheiratet und eines dieser Vorzeigepaare – gut situiert, sportlich, Kinder längst außer Haus. Seit Juli ist Walter in Pension. Beide haben sich darauf gefreut: Elfi auf mehr Zeit zu zweit, Walter auf mehr Zeit für sich selbst. Und er kostet das aus – Männerabende, Männerwanderungen, Männerradtouren und im Herbst ein Segeltörn. Unter Männern, versteht sich. Elfi sieht das Positive: Wenigstens kein Pensionsschock.

Aber ihren besten Freundinnen ist natürlich alles klar. Zweimal die Woche Tarock? Wochenendweise auswärts schlafen? Tagelang Rad fahren? Und dann eine Woche Griechenland? Mit Freunden, ja? „Wer's glaubt", meinen sie misstrauisch.

Elfi wehrt diesen Gedanken ab. Doch im Jänner trudelt dann ein Strafzettel ein: Radarfalle auf der Brennerautobahn letzten August. Da war Walter eigentlich mit Freunden am Dachstein. Wer fährt vom Mühlviertel über den Brenner zum Dachstein? Sie ruft die Frau eines angeblichen Bergkameraden an und – wird ausgelacht: Ihr Herbert am Berg? Mit diesem Bauch? Seit Jahren nicht! Trotz erdrückender Beweislage streitet Walter alles ab.

Er ist schuld!

Nun sitzen sie in der Paarberatung, erst einzeln und ab jetzt gemeinsam. Recht lange hat er das Abstreiten nicht durchgehalten: Ja, er hat „herumgebandelt" mit einer viel jüngeren Ex-Kollegin. Das hat ihm das Gefühl gegeben, trotz Ausgedinge noch attraktiv zu sein. Das Hochgefühl verpuffte schlagartig im Doppelzimmer am Gardasee – am peinlich merkbaren Altersunterschied. Die Affäre ist seitdem beendet.

Um Schuld geht es in der Paarberatung gar nicht. Viel eher dreht es sich darum, mit dieser Krise umgehen zu lernen, zu ergründen, warum der Seitensprung passiert ist. Zudem soll die oder der schmählich Hintergangene aus der Opferrolle herausfinden.

Gibt es eine zweite Chance?

Wenn beide bereit sind, sich offen und ehrlich damit auseinanderzusetzen: Ja. Das tut weh, schafft aber auch wieder Nähe. Eine Paarberatung hilft, Frontenverhärtungen zu vermeiden und zu entdecken, ob und wie es gemeinsam weitergehen kann.

Walter ist zerknirscht und Elfi verletzt. Sie wollen im Guten auseinander, sagen sie. Wirklich? Gerade sind sie dabei, das selbst herauszufinden.

Besonders in Krisenzeiten gilt es, gut auf sich zu achten. Fühlt man sich schlecht und ist das Nervenkostüm strapaziert, wirkt sich das meist auf den Schlaf, die Trinkgewohnheiten und Ernährung aus.

TIPP 10

JUTTA DIESENREITHER

Nahrung für die Seele

Glücksgefühle kann man sich eressen

Psychische Ausnahmesituationen belasten auch den Körper. Manchen schnürt es dabei den Hals so zu, dass sie keinen Bissen mehr runterbringen und sie nehmen in dieser Phase des Lebens dramatisch ab, was nicht gerade belastbarer macht. Ist man bereits in einer Krisenzeit, stresst Nahrungsentzug zusätzlich.

Andere wiederum sind Frustesser, futtern sich eine dicke Haut rauf. Lebensmittel sollen aber nicht zur Ersatzbefriedigung werden.

Hungerkünstler und Frustesser

Beide Reaktionen sind verständlich und legitim – aber nur für eine kurze Zeit. Sonst heißt es, überschüssige Kilos mühsam loszuwerden oder wieder etwas mehr auf den Rippen anzusetzen. Krisenbedingt geringeres Körpergewicht stabilisiert sich mit wiedererlangter Zufriedenheit meist von alleine. Abzunehmen hingegen dauert. Jedenfalls führen wir uns mit den Lebensmitteln auch wichtige Botenstoffe zu. Die Bildung dieser Stoffe können wir unterstützen oder eben hemmen. Einer der wichtigsten ist das Serotonin*, das für Entspannung und guten Schlaf sorgt. Fehlt dieser Stoff in ausreichendem Maße, so können Unruhe, Angst und depressive Störungen auftreten.

Schoki als Seelentröster

Schenken Sie Ihrem Körper in Krisenzeiten ganz bewusst jene Aufmerksamkeit, die er verdient. Ernähren Sie sich mit viel Obst und Gemüse. Gönnen Sie sich ruhig ausnahmsweise mal ein Stück dunkle Schokolade, wobei hier „ausnahmsweise" betont gehört. Denn dem schnellen Kick durch diesen Seelentröster Nummer Eins folgt unweigerlich der schnelle Fall. Langanhaltender ist der Effekt mit Obst, Gemüse und Vollkornprodukten. Besonders Avocados, Bananen, Dinkel, Käse, Milchprodukte, Nüsse, Sesam und Tomaten gelten als Glücksbildner. Auch mit Gewürzen wie Vanille und Zimt kann man die Stimmung beeinflussen, wie Sie schon gelesen haben. Scharfe Glücksgefühle erzeugen Pfeffer, Chili, Ingwer und Paprika. Das darin enthaltene Capsaicin* lässt uns Schmerz und Stress besser meistern. Also auf zu Steinpilzrisotto, Chili con carne, Käseplatte mit Äpfeln, Weintrauben und Walnüssen, Müsli mit Rosinen und Bananenmilch.

* Fachbegriff „Serotonin"

Serotonin ist das Wohlfühlhormon des Körpers. Als wichtiger Botenstoff spielt es bei der Übertragung von Signalen im Gehirn eine prominente Rolle. Entscheidende Bedeutung hat Serotonin auch beim Herz-Kreislauf-System oder im Darmnervensystem. Es gehört zu den Botenstoffen, die für die Entstehung und Behandlung psychischer Erkrankungen eine wichtige Rolle spielen. Serotonin wirkt entspannend, antidepressiv, schlaffördernd, schmerzhemmend und motivationsfördernd. Serotonin wird, neben Dopamin und Noradrenalin, auch häufig als Glückshormon bezeichnet.

* Fachbegriff „Capsaicin"

Der Wirkstoff Capsaicin verleiht Chilis ihre natürliche Schärfe. Je mehr Capsaicin, desto schärfer die Schote. In Nasensprays und Cremes zur Behandlung von Muskel- und Gelenkschmerzen wird der Stoff aber auch zur Betäubung eingesetzt. Manche Studien zeigen, dass es entzündungshemmend, blutdrucksenkend und keimtötend wirkt.

Die Ernährung trägt viel zu unserem körperlichen und seelischen Wohl/Unwohlsein bei. Auch mit Bewegung können wir wesentlich unser Befinden beeinflussen. Nicht nur das physische. Eine Vielzahl von Studien belegt die positive Auswirkung von Sport auf unser Seelenheil. Gerade in Krisenzeiten hilft sportliche Betätigung unserer Psyche. Auch wenn's manchmal schwerfällt, sich aufzuraffen.

MANFRED SIMONITSCH

Sport gegen schlechte Laune

Mit Bewegung wieder ins Lot kommen

Bewegung baut Stress ab. Das in Krisen gebildete Adrenalin* lässt uns schlecht schlafen, macht kribbelig und fahrig. Aber da gibt es eine leicht umsetzbare Lösung, die für Entspannung des vegetativen Nervensystems sorgt. Alle Ausdauer-Bewegungsformen wie Jogging, Schwimmen, Radfahren, Langlaufen, Walken bauen Adrenalin ab. Bei heftiger Wut helfen Krafttraining, Boxen und Kampfsportarten. Aber bitte nicht gegen den Lebenspartner! Viele asiatische Bewegungsformen wie Yoga, Tai-Chi, Qigong fokussieren uns wieder auf unsere Mitte und stärken das Ich. Jede Bewegung in der Natur wie etwa Skifahren, Wandern, Reiten, Segeln lenkt wunderbar ab und öffnet den Geist für das Schöne. Teamsportarten bringen Geselligkeit, lenken ab und schaffen lustige Minuten des Abschaltens. Die intensive Hormonausschüttung nach einer Sporteinheit verschafft Ihnen ein wunderbares Gefühl von Wohlbefinden.

* Fachbegriff „Adrenalin"

Adrenalin wie auch Noradrenalin sind Stresshormone, deren Aufgabe es ursprünglich war, den Körper bei Flucht oder Kampf durch Mobilisieren von Energiereserven zu unterstützen. Adrenalin wird bei körperlicher und seelischer Belastung, Verletzungen, Infektionen und niedrigem Blutzuckerspiegel ausgeschüttet. Es wird in der Nebenniere gebildet und erhöht die Leistungsfähigkeit. Adrenalin hat viele Funktionen: Es beschleunigt den Puls, steigert den Blutdruck und den Sauerstoffverbrauch des Körpers, senkt die Darmtätigkeit, erweitert die Bronchien und die Pupillen, stellt Energien aus den Fett- und Zuckerspeichern des Körpers bereit. Und es löst Unruhe und Angst aus. Man ist hellwach und steht quasi unter Strom.

Nach jedem Streit, jeder Krise kommt der Zeitpunkt der Entscheidung: Ende oder Versöhnung. So viele Menschen berichten nach durchgestandener Krise, sie wären gereift daraus hervorgegangen. Sie wären heute ein anderer Mensch als damals. Das Selbstbewusstsein habe gewonnen, die Erfahrung, die Weisheit. Gleich dem Motto: „Was mich nicht umwirft, macht mich stärker." Endet eine Beziehungskrise in der Versöhnung, also sagen zwei bewusst zueinander wieder Ja, wir probieren es nochmals, dann wird die Kraft der Liebenden spürbar.

Der 14. Februar erinnert uns jedes Jahr als „Tag der Liebenden" daran. Wobei es abseits dieses Tages natürlich viele Gelegenheiten im Jahr gibt, um einem Mitmenschen eine nette Botschaft zu überbringen: Ob zu Weihnachten, zum Geburtstag oder einfach dann, wann einem danach ist, sagt man seinen Liebsten Dinge wie: „Ich mag dich", „Du bist mir wichtig", „Danke, dass es dich gibt", „Verzeih mir". Es muss ja nicht immer durch die Blume sein.

VALENTINSTAG, 14. FEBRUAR

Der Valentinstag wird jedes Jahr am 14. Februar gefeiert – und das besonders in den USA. Manche meinen, dass dieser Tag auf das Hollywood-Idol Rodolfo Valentino zurückgeht, der am 14. Februar von seinen Fans mit Blumengrüßen verehrt wurde. Andere Hinweise reichen in der Geschichte viel weiter zurück: Am Fest des römischen Gottes der Hirten und der Fruchtbarkeit, Lupercus, wurden junge Menschen durch eine Liebeslotterie einander zugeteilt. In Zusammenhang mit diesem Fest taucht erstmals auch der Bischof von Terni, der heilige Valentin, auf. Die Liebenden wollten ihre Partner selbst wählen und ließen sich von Bischof Valentin trauen. Kaiser Claudius missfielen diese Zeremonien, denn er brauchte für seine Armee junge Soldaten und keine treuen Ehemänner. Am 14. Februar 269 wurde Bischof Valentin nach einem längeren Gefängnisaufenthalt enthauptet. Zuvor schrieb er der Tochter seines Gefängniswärters noch einen Liebesbrief. Auf dieser Überlieferung basierend wird der 14. Februar als Tag der Liebenden gefeiert. 469 wurde der Valentinstag als Gedenktag von Papst Gelasius I. für die ganze Kirche eingeführt, jedoch 1969 wieder aus dem römischen Generalkalender gestrichen. Im deutschen Sprachraum wurde der Valentinstag vor allem durch den Blumenhandel und die Süßwarenindustrie bekannt, die diesen Tag intensiv bewerben. Neben dem Muttertag gehört der Valentinstag in Österreich zu den umsatzstärksten Tagen des Blumenhandels. Dabei kann das Tagesgeschäft bis zu zehn Mal höher ausfallen als sonst. Neben Rosen erfreuen sich farbenfrohe Topfpflanzen immer größerer Beliebtheit, etwa Hyazinthen, Primeln, Narzissen oder Azaleen.

Verliebte oder Wiederversöhnte schenken sich zum Valentinstag Blumen, senden Karten oder Nachrichten und kochen sich etwas Anregendes. Hier ein Vorschlag für ein romantisches Dinner zu zweit. Wirkung nicht ausgeschlossen …

ERIKA MITTERGEBER

Valentinstags-Menü

Feldsalat mit Ziegenkäse im Speckmantel

Im Gewürzöl gegarte Saiblingsfilets mit Apfel-Rotkraut und Petersilienkartoffeln

Vanilleeis mit heißen Chili-Erdbeeren

Rezepte für 2 Personen

Vorspeise:
Feldsalat mit Ziegenkäse im Speckmantel

80–100 g Ziegenkäse oder Feta
4 Scheiben Schwarzwälder Schinken
Etwas Rapsöl für die Pfanne
100 g Vogerlsalat
Einige Kapern
50 g Cashewkerne, Natur

Für das Dressing:
2 EL Walnussöl
2 EL weißer Balsamicoessig
etwas Dijonsenf
Salz und Pfeffer
Frischer Schnittlauch

Vogerlsalat waschen und gut abtropfen lassen.
Ziegenkäse in vier Teile teilen und mit dem Schwarzwälder Schinken umwickeln.
In einer beschichteten Pfanne die Cashews trocken anrösten, bis sie leicht gebräunt sind.
Kapern gut abtropfen lassen.

Dressing aus Walnussöl, Balsamicoessig, Senf, Salz und Pfeffer bereiten, abschmecken.
Ziegenkäse in einer beschichteten Pfanne in wenig Öl von allen Seiten goldbraun anbraten, warm stellen.
Salat auf Tellern anrichten, Kapern und Cashews darüberstreuen, Dressing über den Salat gießen. Ziegenkäse auf dem Salat drapieren, mit Schnittlauch bestreut servieren.

Hauptspeise:
Im Gewürzöl gegarte Saiblingsfilets mit Apfel-Rotkraut und Petersilienkartoffeln

2 Saiblingsfilets
Jodiertes Salz
Frisch gemahlener Pfeffer

Gewürzöl:
ca. 150 ml Rapsöl
½ Vanilleschote
3 Kapseln Kardamom
1 Sternanis
1 kleine Zimtstange
3–4 Pimentkörner

Apfel-Rotkraut:
150 g Rotkraut, etwas Wasser oder klare Gemüsesuppe, jodiertes Salz, 100 g süß-säuerlichen Apfel, 1 EL Pflanzenöl (z. B. Olivenöl), etwas milder Apfelessig
Petersilienkartoffeln: 6 mittelgroße Kartoffeln (350–400 g), 20 g Butter, etwas frische Petersilie, jodiertes Salz

Gewürzöl bereiten:
Vanilleschote der Länge nach aufschneiden und in kleine Stücke schneiden. Vanilleschote mit Kardamomkapseln, Sternanis, Zimtstange und Piment im Mörser zerstoßen.
Rapsöl leicht erwärmen (es reicht handwarm) und Gewürze einrühren.
Fischfilets, am besten über Nacht, damit marinieren.
Backrohr auf 180 °C vorheizen, die Fischfilets im Öl ca. 15 Minuten garen lassen.

Für das Apfelrotkraut das Rotkraut hobeln, den Apfel mit Schale raspeln.
Kraut in wenig Öl andünsten, Suppe bzw. Wasser und einen kleinen Schuss Essig beigeben und mit dem geriebenen Apfel weich dünsten.
Mit Salz abschmecken.

TIPP: Wer sein Rotkraut gerne süßlich mag, kann zusätzlich mit Zucker abschmecken.

Petersilienkartoffeln: Kartoffeln waschen und in der Schale kochen. Kochzeiten: im Dampfgarer oder mit Dampfeinsatz im Topf ca. 50 Minuten, in Wasser ca. 30 Minuten. Kartoffeln schälen und bei Bedarf vierteln.
Petersilie waschen, Blätter von den Stängeln zupfen und fein hacken.
Butter in einem Topf zerlassen, die geschälten Kartoffeln dazugeben, salzen und mit Petersilie bestreuen. Kartoffeln in der Butter schwenken, sodass sich die Petersilie auf den Kartoffeln verteilt.

Gegarte Fischfilets aus dem Öl heben, salzen und mit Petersilienkartoffeln und Apfelrotkraut servieren.

Dessert:
Vanilleeis mit heißen Chili-Erdbeeren

400 g tiefgekühlte Erdbeeren
1 Chilischote oder Chilipulver
1 KL Butter
1 KL Rapsöl
Zucker nach Geschmack
Vanilleeis mit echter Vanille
Minze oder Melisse zum Garnieren

Erdbeeren auftauen.
Rapsöl und Butter in einer Pfanne erhitzen, fein geschnittene Chilischote oder Chilipulver und etwas Zucker nach Geschmack dazugeben.
Erdbeeren dazugeben und kurz anschwitzen.
Erdbeeren auf einem Teller anrichten und eine Kugel Eis daraufsetzen.
Mit etwas Minze oder Melisse garnieren und sofort servieren.

Aphrodisierende Lebensmittel

Erdbeere
Die leuchtend roten Früchte wurden in der germanischen Mythologie der Fruchtbarkeitsgöttin Freya zugeordnet. Sie galten als Zeichen der sexuellen Reife, der Verlockung und Sünde, was vermutlich an der Form der Erdbeeren liegt, die mit etwas Phantasie an Brustwarzen erinnern.

Die Beeren sind reich an Vitamin C und deshalb kräftigend für das Immunsystem. Die sekundären Pflanzenstoffe, wie sie zum Beispiel in der Erdbeere enthalten sind, wirken leicht blutverdünnend, krebshemmend, antioxidativ und antimikrobiell.

Cayennepfeffer (Chili)

Wird in manchen Ländern zur Libido- und Potenzsteigerung gegessen (z. B. in Ostasien, Indien). Paprikaextrakte können Bestandteil von lokal angewendeten Cremes zur Steigerung der Durchblutung und Reizempfindlichkeit sein. Typische Anwendungsgebiete sind schmerzhafte Muskelverspannungen, aber es kann niedrigdosiert auch in Cremes für den Genitalbereich zur Luststeigerung enthalten sein.

Hauptwirkstoff ist das Capsaicin (siehe vorne), es wirkt juckreiz- und schmerzlindernd, durchblutungsfördernd, regt die Verdauungssäfte an und fördert die Schweißsekretion.

Petersilie

Im alten Griechenland galt Petersilie als wichtiges Aphrodisiakum. Im Mittelalter wurde sie seltsamerweise sowohl zur Steigerung der Fruchtbarkeit als auch als Abtreibungsmittel eingesetzt. Im Mittelalter fand man in der „Petersiliengasse" die Freudenhäuser des Ortes.

Die Petersilie regt die Verdauungssäfte, die Nierentätigkeit und die Durchblutung der glatten Muskulatur an, dazu gehört auch der Uterus (Gebärmutter). Als Küchenkraut ist die Petersilie ein beliebter Verdauungsförderer.

Vanille

Der Vanille werden aphrodisierende Wirkungen nachgesagt, vermutlich liegen diese mehr an ihrem feinen süßlichen Duft als an ihren Wirkstoffen. Gerüche, Erinnerungen und Emotionen sind beim Menschen eng verknüpft. Das Vanillearoma überdeckt andere unangenehme Gerüche und Beigeschmäcker. Übrigens findet sich das Hauptaroma der Vanille, das Vanillin, in geringen Mengen auch in Kartoffeln, Wein, Butter, Himbeeren, geröstetem Kaffee und altem Papier.

Wenn Ihre Liebste/Ihr Liebster nach diesem kulinarischen Einkochprogramm nicht dahinschmilzt, dann liegt es möglicherweise an etwas anderem. Vielleicht an der Wortwahl. Als höfliche Menschen verwenden wir gerne Konjunktive wie „könnte, sollte, würde", die in Bereichen wie etwa der Diplomatie ihre Berechtigung haben. Für eine klare Kommunikation erweisen uns diese Weichmacher-Worte keinen guten Dienst. Weder uns als Sender, um uns klar zu positionieren, noch dem Empfänger, damit der sich auskennt.

FRANZ LANDERL

Reden wir ab nun Klartext!

Valentinstag als Chance: Lasst uns das sagen, was wir meinen

Was für Politiker alltägliches Brot ist, kann manch einer auch an sich selbst beobachten: Wir sprechen nicht Klartext. Sobald ein Gespräch oder Meeting beendet ist, ärgern wir uns, dass wir nicht alles so gesagt, wie wir es uns vorgenommen haben. Das passiert im Alltag, im Job, in der persönlichen Beziehung. Wir sagen A, meinen eigentlich B und sind dann irritiert, dass unser Gesprächspartner nicht versteht, was wir wollen. Am Ende macht er vielleicht sogar C. Besser wäre es, gleich zu sagen, was wir meinen, oder? Der Valentinstag ist in erster Linie ein Beziehungstag. Nehmen wir wieder einen neuen Anfang. Doch woran liegt es, dass wir herumdrucksen oder gar nichts sagen?

Schluss mit „könnte, sollte, würde"

Da wären einmal die Weichmacher-Worte: „Ich würde mir wünschen, dass ..." statt „Bitte mach das ...". Aber die meisten Menschen verstehen eben – wenn man ihnen die Wahl lässt – nur das, was sie verstehen wollen. Die Wünsche des anderen sind ihnen egal. Und unter „ehestmöglich" meint der eine „sofort" und der andere eben erst nächste Woche. Was hindert uns daran, klipp und klar zu sagen, was wir denken oder erwarten?

- **Unsicherheit:** Wenig Durchsetzungskraft wegen persönlicher Unsicherheit. Man hat Angst vor einem eskalierenden Konflikt.
- **Der Wunsch, geliebt zu werden:** Jeder Mensch will geliebt werden. Auch Chefs.
- **Erwartungshaltung:** Nicht selten wollen wir auch den Erwartungen unseres Gegenübers entsprechen – vor allem dann, wenn es sich dabei um eine wichtige Person handelt. Umgekehrt haben aber auch wir Erwartungen an andere. Die soll man klar sagen.
- **Gesellschaft:** Gelegentlich spielt, gerade bei Frauen, das gesellschaftliche Bild eine Rolle. Frauen sollen lieb, nett und freundlich sein, so das Klischee. Und um diesem Bild zu entsprechen und nicht als Zicke zu gelten, versuchen viele Frauen, ihre Meinung zu umschreiben, statt klar und offen zu sagen, was sie denken.
- **Glaubenssätze:** Viele Überzeugungen sind uns schon als Kind eingeimpft worden. Wem als Kind häufig das Wort verboten wurde, der wird auch als Erwachsener Schwierigkeiten haben, sich durchzusetzen.

- **Bequemlichkeit:** Manchmal ist es reine Bequemlichkeit – wir wollen einfach keinen Streit und denken, das Problem löst sich von selbst.
- **Stress:** Sehr ähnlich ist das Motiv, wenn wir unter Zeitnot zusätzlichen Stress und Konflikte vermeiden wollen und daher unsere Bitte zu wenig bestimmt vortragen.
- **Taktische Ziele:** Manche versuchen auch aus taktischen Gründen, andere Menschen im Unklaren zu lassen.

Probieren wir doch ab heute eine gute, klare, wertschätzende Umsetzung in der Praxis. Die Umgebung wird es danken. Der Valentinstag ist gerettet, andere Tage auch.

Klar zu formulieren, kommt einem Outing gleich. Das ist, wie wenn man nach dem Fasching am Aschermittwoch sein Kostüm wieder wegräumt. Von Mitte November bis rund Ende Februar dauert die närrische Zeit. Da darf man auch öfters eine Maske aufsetzen. Doch wie wie oft passiert es uns bewusst oder unbewusst, dass wir das ganze Jahr über in Rollen schlüpfen?

TIPP 14

GERLINDE STROPEK

Jetzt ist es Zeit, die Maske abzulegen

Wer sich selbst annimmt, muss nicht in eine Rolle schlüpfen

Der Fasching ist zu Ende, es hat Spaß gemacht, sich zu verkleiden. Während dieser Zeit durften wir „bewusst" in eine neue Rolle schlüpfen. Unser Gesicht „offiziell" hinter einer Maske verbergen. Der Wunsch, einmal ein anderer sein zu dürfen, wurde erfüllt. Dennoch setzen wir – bewusst oder unbewusst – das ganze Jahr über eine Maske auf. Es beginnt schon damit, dass wir am Morgen vor dem Kleiderschrank überlegen, wie und wo wir uns heute präsentieren müssen. Aber wohin führt es, wenn Menschen sich aus Erfolgsdruck angewöhnt haben, ihre Persönlichkeit, ihr wahres Ich, immer hinter einer Maske zu verstecken. Dadurch sind sie nicht mehr sie selbst, sie sind nicht authentisch.

Wir wollen geliebt werden

Aus den Erfahrungen, die bis in die Kindheit zurückgehen, verstecken Menschen ihre wahren Gefühle und Gedanken, so wie sie wirklich sind. Meist aus Angst, nicht geliebt und respektiert zu werden. Sie spielen sich und ihrer Umwelt den Starken vor, gehen immer an ihre Grenzen und überschätzen sich dadurch.

Wenn jemand immerzu von sich verlangt, nach außen hin erfolgreich zu wirken und sich ständig selbst kontrolliert, kann das krank machen. Betroffene fühlen sich, als würden sie hinter einer Mauer gefangen sein. Sie trauen sich nicht, ihre Emotionen zu zeigen. Dieses Rollen- oder Maskenspiel kostet auf Dauer viel Kraft und Energie. Um sich zu steigern oder zu betäuben, wird nicht selten zu Aufputschmitteln, Alkohol und Drogen gegriffen. Meist ist das die Grundlage für ein Burn-out oder eine andere Krankheit.

Eigene Schwächen anerkennen

Was kann ich tun, dass es nicht so weit kommt? Vorerst soll man sich selbst so annehmen können, wie man ist. Also seinem Gegenüber nichts vorspielen müssen und seine Verletzlichkeit zulassen. Manchmal ist es dabei auch hilfreich, sich mit dem „inneren Kind" auseinanderzusetzen. Denn wir sind geprägt von den Erfahrungen in der Kindheit. Durch Verletzungen und Enttäuschungen haben wir gelernt, uns anzupassen. Wir haben uns eine Maske und Rolle „antrainiert", um den Erwartungen der Eltern und unserem Umfeld zu entsprechen, damit wir geliebt werden.

Der erste Schritt, einen Blick hinter die Maske zu werfen, ist oft schon das Eingeständnis, sich einem professionellen Berater anzuvertrauen. Wichtig dabei ist, sich klar zu sein, dass das Ablegen der Maske Zeit braucht.

So wie wir das Faschingsende als Gelegenheit wahrnehmen können, dauerhaft unser wahres Ich zu zeigen, heißt es nun auch, überflüssige Kilos – hervorgerufen von Faschingskrapfen und Prosecco – loszuwerden. Die Fastenzeit beginnt. Verzicht ist in unserer Wohlstandsgesellschaft chic geworden. Alkohol, Süßes oder Fleisch eine überschaubare Zeitdauer lang wegzulassen, ist durchaus sinnvoll und ein gutes Training für die Willensstärke. Unfreiwillig fastet manch einer, der am Faschingssamstag oder Rosenmontag gar zu heftig über die Stränge geschlagen hat. Denn wie übersteht man den Tag danach halbwegs? Erfahren Sie hier, wie Sie einen verkaterten Körper mit richtiger Ernährung unterstützen können.

JUTTA DIESENREITHER

Der Morgen danach

Wenn Kater und Katzenjammer nach heftigem Feiern folgen

Nach Partys und Festen kommt das böse Erwachen. Wer beim Feiern zu viel Alkohol getrunken hat, kämpft am nächsten Tag mit Kopfschmerzen, Schwindel und Übelkeit. Das liegt daran, dass unser Organismus Alkohol zwar schnell aufnehmen kann, aber nur langsam wieder abbauen und ausscheiden. Alkohol entwässert, indem er dafür sorgt, dass die Niere vermehrt Flüssigkeit absondert, landläufig auch „Brand" genannt. Mit dem erhöhten Harndrang bei Alkoholkonsum werden auch Mineralstoffe ausgeschwemmt.

Defizite ausgleichen

Deswegen empfiehlt sich ein nährstoff- und flüssigkeitsreiches Katerfrühstück, um den Elektrolythaushalt wieder in Ordnung zu bringen. Von erneutem Alkoholkonsum („Reparaturseidl") wird abgeraten, da die weitere Aufnahme von Alkohol zur fortschreitenden Austrocknung des Körpers führt.

Ist der Katzenjammer groß, sollten Sie vor allem ausreichend trinken. Hilfe bringen Leitungswasser, Mineralwasser, Tee sowie stark verdünnte 100 %ige Fruchtsäfte. Auch Kaffee mit dem enthaltenen Koffein wirkt sich oft günstig auf den schwachen Kreislauf aus.

Warum Rollmops als Katerfrühstück?

Salziges und Saures sind bei Kater-Beschwerden traditionell beliebt und wegen der enthaltenen Mineralstoffe gut geeignet. Gefülltes Laugengebäck mit Schinken, Rollmöpse, saure Gurken, Gemüsesuppen sind deshalb Klassiker am Morgen nach der Party. Aber auch frisches Obst und Gemüse in Form von Milchmixgetränken oder frische Smoothies lassen die Partygäste wieder schnell fit werden. Bei hartnäckiger Übelkeit helfen milde Kräutertees und Gemüsebrühen.

Bewegung an der frischen Luft kann nach durchzechten Nächten sicher auch nicht schaden. Jedenfalls juckt es Jogger, die Winterpause gemacht haben, schon ordentlich in den Laufschuhen. Werden die Tage wieder länger und steigen die Temperaturen langsam in den Plusbereich, sind Läufer gar nicht mehr zu halten. Wer wieder mit dem Laufen beginnen oder überhaupt erstmals in seinem Leben damit starten will, dem sei geraten, es gleichweg richtig anzugehen. Kleiden Sie sich entsprechend der Außentemperatur, beginnen Sie zwei Mal pro Woche mit kurzen Laufeinheiten in einem Tempo, bei dem Sie sich noch unterhalten könnten. Steigern Sie dann langsam Frequenz und Dauer.

TIPP 16

MARIO FREI

Jogging: So starten Sie optimal

Mit dem richtigen Laufstil leichtfüßig in den Frühling

Nass, kalt, dunkel – da bleibt man lieber in den eigenen vier Wänden. Doch auch bei trüben und ungemütlichen Bedingungen soll man sich bewegen. Vor allem passt das für jene Bewegungshungrigen, die im Frühjahr nicht wieder bei Null anfangen möchten. Noch dazu, wie sieht es mit den guten Vorsätzen fürs neue Jahr aus? Also, bleiben Sie in Bewegung!

Abwehrkräfte stärken

Wer sich regelmäßig im Freien bewegt, stärkt sein Immunsystem und bleibt auch im Winter fit. Ebenso wichtig sind richtige Ernährung und genügend Schlaf. Eine einfache Möglichkeit, Ihrem Körper etwas Gutes zu tun, lautet: Laufschuhe anziehen, bei der Türe rausgehen und loslaufen! In vielen Sportarten geht es um die perfekte Technik – egal ob beim Skifahren, Langlaufen oder Fußball. Hier wird penibel gefeilt, um Topleistungen zu erreichen. Ganz anders verhält es sich beim Laufen. Ist Ihnen das schon aufgefallen? Die Lauftechnik wird bei vielen Sportlern eher stiefmütterlich behandelt. Richtig laufen lerne man doch von alleine als kleines Kind, heißt es dann. Von alleine schon, aber richtig nicht immer. Beobachten Sie doch einmal eine Gruppe von zehn Läufern, die an Ihnen vor-beijoggt. Sie werden sehen: Jeder läuft anders. Bei einigen sieht es locker und leichtfüßig aus, bei anderen eher schwerfällig. Das hat aber nichts mit dem Leistungsniveau zu tun, sondern nur mit der richtigen Lauftechnik. Also alles eine Frage des (Lauf-)Stils!

Die Lauftechnik!

Wussten Sie, dass es nicht optimal ist, wenn beim Laufen die Ferse als erstes den Boden berührt? Denn der Fuß sollte möglichst flach auf dem Boden aufkommen. Durch falsches Laufen werden die Gelenke stärker belastet, was auf Dauer ungesund sein kann.

Viele Läufer vergessen auch ihre Arme. Sind sie starr, wie festgenagelt oder nach unten baumelnd, so ist das kontraproduktiv. Die Arme sollten möglichst angewinkelt werden und locker schwingen. Mein Tipp: Versuchen Sie, ein kurzes Stäbchen in der Ellenbeuge einzuklemmen und so zu laufen. Es wird sich am Anfang etwas komisch anfühlen, aber dieser Trick verbessert die Lauftechnik bei vielen enorm. Probieren Sie es aus!

Lauftipps vom Spezialisten

Sportwissenschafter sind Experten im Bereich Training, Biomechanik und Leistungs-diagnostik. Die Bestimmung der individuellen Trainingszonen lässt einen richtigen Start und ein effektives Training zu. Der Laufstil kann per Videoanalyse bestimmt werden. Das dient als Basis für eine Verbesserung des Laufstils. Leichtfüßiges, ökonomisches und vor allem beschwerdefreies Laufen macht bei den Frühlingstemperaturen so richtig Spaß!

Viele Hobbysportler stellen sich die Frage, ob sie mit ihrer Ernährung dem Körper Gutes tun. Könnten sie ihre Leistungsfähigkeit durch eine andere Ernährung noch steigern? Oder schaden sie ihrer Sportlichkeit gar durch das, was sie zu sich nehmen? Besonders Jugend-liche sind geneigt, mit fragwürdigen Substanzen der Fitness auf die Sprünge zu helfen.

TIPP 17

JUTTA DIESENREITHER

Macht mehr Eiweiß auch mehr Muskeln?

Im Hobbysport reichen bei Krafttraining natürliche Lebensmittel

Die besorgten Eltern Susanne und Karl kommen mit Sohn Daniel (17) zur Ernährungsbe-ratung. Sie möchten wissen, ob der Einsatz von Proteinpulver und -riegeln im Hobbysport sinnvoll ist. Ihr Sohn geht dreimal pro Woche für eine Stunde ins Fitnessstudio. Er möchte seinen Muskelanteil erhöhen und trinkt täglich ein bis zwei Proteinshakes zusätzlich zu seiner Ernährung.

Eiweiß ist der Körper-Baustoff

Unsere Muskeln bestehen zum größten Teil aus Eiweiß. Besonders Menschen, die ihre Muskeln aufbauen wollen, greifen daher gerne zu Proteinriegeln oder Eiweißshakes. Die erforderliche Menge an Eiweiß wird jedoch oft überschätzt. Und ohne Krafttraining geht gar nichts. Hobbysportler benötigen 0,8 bis ein Gramm Eiweiß pro Kilogramm Körpergewicht. David wiegt 70 Kilogramm, braucht also 56 bis maximal 70 Gramm (g) Eiweiß pro Tag. Diese Menge an Eiweiß (EW) erreicht man mit folgenden natürlichen Lebensmitteln: 60 g Haferflocken (7,5 g EW) mit 300 ml Vollmilch (10 g EW) + 250 g Kartoffeln (5 g EW) mit 130 g Kräutertopfen (17,5 g EW) + 150 g Vollkornbrot (10,5 g EW) mit 50 g Gouda (12,5 g EW). Vor allem die Kombination von tierischem Eiweiß (Ei, Käse, Milchprodukte) und pflanzlichem Eiweiß (Hülsenfrüchte, Vollkorngetreide, Kartoffeln, Nüsse) versorgt unsere Muskulatur ideal.

Ist der Proteinshake notwendig?

Laut österreichischem Ernährungsbericht nehmen wir ausreichend Eiweiß zu uns. Eiweißreiche Produkte im Hobbysportbereich sind somit nicht notwendig. Konsumieren wir diese Produkte bei vermehrtem Kraftsport, müssen wir darauf achten, wie viel Eiweiß wir noch zusätzlich zu uns nehmen. Oft werden die Produkte wahllos und ohne großes Hinterfragen eingesetzt. Überschüssiges Eiweiß wird als Harnstoff über die Nieren ausgeschieden und führt dadurch zu einer zusätzlichen organischen Belastung. Auch die Qualität des Eiweißes bei Riegeln sowie ihr Anteil an Kohlenhydraten und Zucker sind entscheidend.

Eine selbstgemachte Topfencreme eine Stunde nach der Krafteinheit bestehend aus 125 g Topfen, 50 ml Milch, etwas Zitronensaft, einem Teelöffel Zucker oder Honig und frischen Beeren liefert auch rund 20 g wertvolles Eiweiß. Zusätzlich enthält sie Vitamine, ist günstig und schmeckt hervorragend.

Die Leistungsfähigkeit beim Sport wird durch optimales Essen und Trinken zum richtigen Zeitpunkt und nicht durch komplizierte Ernährungspläne gesteigert.

Jetzt werden die Tage merkbar länger, die Temperaturen milder und die Jacken dünner. Mit mehr Lichtdauer erwacht die Natur. Wenn die ersten Krokusse, Primeln und Märzenbecher aus dem Boden sprießen, dann ist der Frühling nicht mehr weit. Die Sonne gewinnt an Kraft, was manch einen dazu verleitet, sich zu luftig zu kleiden. Wen das Märzenkalb [Märzenkaiwi] „erwischt", so sagt der Volksmund, der erkrankt an einer Verkühlung. Denn kaum hat sich die Sonne hinter einer Wolke versteckt oder der Wind pfeift um die Ecke, wird es gleich wieder kühl. Und schon passiert es, dass der Schnupfen zuschlägt. Eine laufende Nase kann im März aber auch auf eine Allergie hinweisen, denn die Blütezeit vieler Pflanzen hat bereits begonnen. Eine Hochblüte erlebt auch die Fastenzeit im März – aus religiösen, gesundheitlichen, Entschlackungs- oder Gewichtsgründen wird landauf, landab gefastet. Manch einer will damit auch der Frühjahrsmüdigkeit entkommen. All dies sind gute Gründe, sich dem Tag der gesunden Ernährung zuzuwenden.

TAG DER GESUNDEN ERNÄHRUNG, 7. MÄRZ

Ernährung ist einer der wichtigsten Faktoren für die Gesundheit der Menschen. Die meisten Krankheiten entstehen durch falsche Nahrungsmittel und zu wenig Bewegung. Um das Bewusstsein der Menschen für diesen Umstand zu schärfen, wurde im Jahr 1998 dieser spezielle Aktionstag, der Tag der gesunden Ernährung, eingeführt. Ziel ist es, den Menschen vor Augen zu führen, welche Maßnahmen sich positiv auf die Gesundheit auswirken. Für viele Menschen scheint gesundes Essen schwer umsetzbar zu sein. Zeitmangel und auch Bequemlichkeit lassen uns viel zu häufig zu Fertig- und Fast-Food-Produkten greifen. Zur Vorbeugung lebensstilbedingter Erkrankungen wie Diabetes, Übergewicht, Herz-Kreislauf-Erkrankungen, Gelenksbeschwerden, mentales Ungleichgewicht etc. spielt gezielte Ernährung jedoch eine wesentliche Rolle. Auch bei unzähligen bereits bestehenden Beschwerden und Krankheiten kann sie heilsame Dienste erweisen.

TIPP 18

ERIKA MITTERGEBER

Superfood, Dopamin und versteckte Fette

Die 10 wichtigsten Punkte für gesunde Ernährung

1.

Ernährungspyramide als Basis:

Fettes, Süßes und Salziges

Fette und Öle

Fisch, Fleisch, Wurst und Eier, Milch und Milchprodukte

Getroide und Erdäpfel

Gemüse, Hülsenfrüchte und Obst

Alkoholfreie Getränke

Zusätzlich gilt:

- genussvoll und abwechslungsreich essen
- pflanzliche Lebensmittel sollten den Großteil der Ernährung ausmachen
- ausreichend trinken: 1,5 bis 2 Liter Wasser, Tee oder verdünnte Obst- und Gemüsesäfte
- Lebensmittel schonend zubereiten (dünsten, dämpfen, kurz braten)

2.

Fünf Portionen (je eine Handvoll) Obst und Gemüse pro Tag essen: zwei Portionen Obst und drei Portionen Gemüse. Wer Kinder zu Gemüsetigern machen will, braucht vor allem Geduld. Kinder müssen ein Lebensmittel mehr als zehn Mal probieren, bevor sie es akzeptieren. Zu Beginn schmecken die „süßen" Sorten besser: Paprika, Mais, Erbsen oder Karotten. Wichtig ist die Vorbildwirkung: Essen Mama und Papa genussvoll Brokkoli, will das Kind eher kosten.

3.

Bei Fett oder Zucker kommt es auf die Menge an. In Übermaßen macht beides dick, besonders heimtückisch ist die Kombination, da viel Insulin ausgeschüttet wird, was zu Heißhungerattacken und optimaler Fettspeicherung führt. Gute Fette sind Oliven-, Raps-, Lein- oder Sonnenblumenöl. Vorsicht vor „versteckten" Fetten in Wurst und Käse.

4.

Positive Reize wie fett- und zuckerreiches Essen führen zu einer Ausschüttung des Glücksbotenstoffs Dopamin*. Wird das, was uns glücklich macht, regelmäßig konsumiert, gewöhnt sich der Körper an den erhöhten Dopaminspiegel. Gleichzeitig sinkt die körpereigene Dopaminproduktion. Die benötigte, von außen zugeführte Dosis wird immer höher – ein Teufelskreis, der einem Suchtverhalten gleicht. Also bei Süßem sparen!

5.

Fleisch gilt als nährstoffreiches Lebensmittel, das in Maßen zur gesunden Ernährung gehört: maximal drei Portionen Fleisch pro Woche. Achtet man noch auf gute Qualität, kann man weißes und rotes Fleisch abwechseln. Wichtig ist, magere Fleischsorten zu bevorzugen und Frittiertes nur selten zu essen.

6.

Zu den tierischen Lebensmitteln zählen noch Milchprodukte, die eine wichtige Kalziumquelle für Knochen und Zähne sind, und Eier. Die täglichen 1 000 Milligramm Kalzium sind in 200–250 g Milch/Joghurt/Topfen und 50–60 g Käse enthalten – fettarme Produkte bevorzugen!

7.

Superfood wie Goji, Acai oder Chia sollen als wahre Nährstoffbomben das Altern aufhalten oder Abnehmen erleichtern. Die Experten aber sagen, dass einzelne Lebensmittel alleine keine Wunder bewirken können. Außerdem brauchen wir die Exoten gar nicht: Heimische Lebensmittel wie rote Rüben, Heidelbeeren, Leinsamen, Hülsenfrüchte und Nüsse sind auch „Superfood".

8.

Vollkornprodukte essen! Damit erhält man alle wertvollen Inhaltsstoffe des Getreides, vor allem die äußeren Randschichten, die Ballaststoffe sind und die Verdauung anregen sowie die Darmbakterien füttern. Vollkornprodukte sättigen länger und können so beim Abnehmen helfen.

9.

Nach aktuellem Wissensstand hat Intervallfasten positive Eigenschaften auf die Gesundheit. Der Körper stellt ab etwa 20 Uhr auf Nachtmodus um: Nach dieser Uhrzeit Gegessenes wird verstärkt als Fettpölsterchen gespeichert. Die Mahlzeitenhäufigkeit ist individuell unterschiedlich: Wichtig ist aber, nicht ständig zu „snacken" oder nebenbei zu essen, denn somit geht der Genuss verloren.

10.

Last, but not least geht es um das Wie, das Ernährungshandeln: Gesünder sind jene Menschen, die sich Zeit zum Essen nehmen, die frische Gerichte selbst kochen, die Mahlzeiten gemeinsam einnehmen und beim Essen auf ihr Hunger-Sättigungsgefühl achten.

* Fachbegriff „Dopamin"

Dopamin dient im Gehirn der Kommunikation der Nervenzellen untereinander, ist also ein Nervenbotenstoff (Neurotransmitter). In bestimmten „Schaltkreisen" vermittelt es dabei positive Gefühlserlebnisse („Belohnungseffekt"), weswegen es – so wie auch Serotonin – als Glückshormon gilt. Im Vergleich zu Serotonin bewirkt Dopamin aber eher eine längerfristige Motivationssteigerung und Antriebsförderung. Der Wirkstoff Dopamin wird therapeutisch bei Schockzuständen eingesetzt. Bei zu niedrigem oder zu hohem Spiegel des Botenstoffs kann es zu parkinsonartigen oder manieförmigen Symptomen kommen.

Wer diese 10 Punkte gesunder Ernährung meistens einhält, macht schon vieles richtig. Liegen jedoch schwerere Grunderkrankungen wie Herz-Kreislauf-Probleme vor, heißt es, nicht nur die zugeführten Speisen und Getränke zu überdenken, sondern den gesamten Lebensstil.

LISA PENN

Richtiges Essen ist ein Fall fürs Herz

Langsam Gewicht verlieren und gezielt Lebensstil ändern

Weltweit zählen Herz-Kreislauf-Erkrankungen zu den häufigsten Leiden. In Österreich sind Herzinfarkt und Schlaganfall mit Abstand die führenden Todesursachen. Dabei zählen Alter, Geschlecht oder familiäre Vorbelastung zu jenen Risikofaktoren, die nicht zu beeinflussen sind. Dennoch sind wir nicht ganz ausgeliefert, auf vieles können wir selbst einwirken.

Bewegen und nicht rauchen

Durch eine gezielte Änderung unseres Lebensstils können wir Herzerkrankungen aktiv vorbeugen. Sich mehr bewegen, auf Nikotin verzichten und negativen Stress vermeiden, das alles hilft, unser Herz gesund zu halten. Auch die Ernährung und das damit einhergehende Körpergewicht beeinflussen ernstzunehmende Herz-Kreislauf-Erkrankungen. Ein paar Kilos weniger entlasten Hüfte und Knie sowie gleichzeitig das Herz. Zusätzlich wird der meist erhöhte Blutdruck gesenkt. Wer sein Normalgewicht erreicht und auch hält, verändert auch seine Blutfette positiv. Doch die Art und Weise, wie das Normalgewicht erreicht wird, ist nicht egal! Einseitige Diäten oder extreme Fastenkuren sind keinesfalls zielführend und können das Herz-Kreislauf-System zusätzlich belasten. Empfehlenswert ist vielmehr die langfristige Veränderung von bestehenden Essgewohnheiten hin zu einer ausgewogenen und gesunden Kost.

Keine radikalen Diäten

Tipps, um Essgewohnheiten und Körpergewicht nachhaltig zu ändern:

- Setzen Sie sich realistische Ziele! Utopische Pläne wirken oft demotivierend und verursachen unnötigen Frust.
- Nehmen Sie langsam ab! Zu rascher Gewichtsverlust baut vorrangig Muskelmasse, aber nur wenig Fettmasse ab. Je höher jedoch der Anteil an Muskelmasse, desto höher auch der Grundumsatz (= Energieverbrauch im Ruhezustand)
- Meiden Sie Null-Diäten! Eine tägliche Mindestzufuhr an Kalorien ist unbedingt notwendig, um dem späteren Jo-Jo-Effekt entgegenzuwirken.

- Achten Sie auf eine vielseitige und abwechslungsreiche Lebensmittelauswahl! Der Verzicht auf bestimmte Lebensmittelgruppen kann zu einem Nährstoffdefizit führen.
- Berücksichtigen Sie bei der Zubereitung der Mahlzeiten Ihre individuellen Vorlieben!
- Bringen Sie durch eine höhere Alltagsaktivität mehr Bewegung in Ihr Leben – jeder Schritt zählt!

Bei dem Ernährungsschwerpunkt dieser Seiten darf auch ein Blick auf die aktuellen Trends beim Abnehmen nicht fehlen. Schließlich hindern die raufgefutterten Speckröllchen auf den Hüften, sich in der nahenden Badesaison im Bikini wohlzufühlen. Es gibt viele Wege zu einem gesünderen Ernährungsstil, jeder muss die passende Ernährungsform für sich finden, denn jeder Mensch is(s)t anders!

TIPP 20

JUTTA DIESENREITHER

Entschlacken, fasten und abnehmen

Neue Chance drängt zur inneren Reinigung

Frühling ist Neubeginn. Eine gute Zeit, etwas zu verändern. Vogelgezwitscher begleitet uns im März schon beim Aufstehen am Morgen und der letzte Faschingskrapfen ist längst vertilgt. Für viele von uns steht fest: Der Winterspeck muss weg! Wir möchten uns von Altlasten befreien, aber welche Methode ist nun die sinnvollste? Hier sind drei Trends aus der Vielzahl an „Diäten" herausgepickt.

Der Detox-Trend

Mit unterschiedlichen Maßnahmen wird versucht, den Körper zu entgiften. Bei der Detox-Kur (engl. detoxification, Entgiftung) werden entweder nur für einige Tage ausschließlich Suppen und Säfte konsumiert. Oder sie wird bis zu 6 Wochen lang praktiziert. Hier kommen Gemüse, Obst, fettarmes Fleisch und Fisch auf den Speiseplan. Schon nach kurzer Zeit purzeln die Kilos. Der Jojo-Effekt ist jedoch bei einer Detox-Kur immer eine große

Gefahr. Durch die nur vorübergehende Umstellung der Ernährung lernt man kaum, sich langfristig gesünder zu ernähren. Viele Menschen fallen schon kurz nach der Kur in alte Ernährungsgewohnheiten zurück.

Das Fasten oder Heilfasten

Als Fasten bezeichnen wir die völlige oder teilweise Enthaltung von allen oder bestimmten Speisen, Getränken und Genussmitteln über einen definierten Zeitraum hinweg. Wird nur eine ganz konkrete Art der Nahrung (Süßigkeiten) oder ein Genussmittel weggelassen (Alkohol), spricht man von Enthaltung oder Abstinenz. Heilfasten soll zumeist der „Entschlackung" oder Regeneration des Körpers dienen. Oft ist damit auch der Wunsch nach einer „seelischen Reinigung" verbunden. Menschen, die fasten, setzen sich mit ihrem Körper, ihrer Gesundheit und ihrer Ernährung auseinander – das ist grundsätzlich gut. Ernährungsfachkräfte sind sich aber einig, dass Senioren, Schwangere, Stillende oder Kinder davon ausgenommen sein sollen.

Das Intervallfasten

Bei der 16 : 8 Methode wird jeden Tag während des Zeitraums von 8 Stunden gegessen, woraufhin 16 Stunden gefastet wird. Diese Fastenart liegt derzeit hoch im Trend wie etwa die 5 : 2 Methode, wo eben 5 Tage lang gegessen und 2 Tage gefastet wird oder die 1-0-Diät, bei der man essen kann, was man will, aber nur jeden zweiten Tag, am Nullertag wird nichts gegessen. Mit beiden Maßnahmen kann eine Gewichtsabnahme erreicht werden. Die kürzlich veröffentlichte Helena-Studie (Universitätsklinikum Heidelberg) hat ergeben, dass durch Intervallfasten eine Reduzierung des schädlichen Bauchfetts und Leberfetts (bei vorhandener Fettleber) erzielt werden kann. Es scheint, dass es vielen Menschen leichter fällt, nur an zwei Tagen sehr diszipliniert sein zu müssen, statt sich täglich einzuschränken. Auch hier gilt: Um das neue Gewicht zu halten, bedarf es aber einer dauerhaften Ernährungsumstellung mit einer dem Bedarf angepassten Energiezufuhr.

Nicht alles im Leben läuft immer wie „geschmiert". Wir alle erleben öfters Niederlagen im persönlichen, beruflichen, sozialen oder gesellschaftlichen Umfeld: Die Diät wurde erfolglos abgebrochen, beim nächsten Karriereschritt fühlt man sich übergangen, die Prüfung wurde verhaut, der Onkel ist schwer erkrankt, die Nachbarn sind missgünstig und „Freunde" wenden sich ab. Diese Liste ließe sich endlos fortsetzen und kaum jemand bleibt verschont. Ob der Betroffene in seinem Leid nun objektiv recht hat oder er das Schicksal als hart empfindet, spielt keine Rolle für seine Betroffenheit. Viele Menschen lassen sich von kleinen Misserfolgen aus der Bahn werfen. Andere überstehen auch große Krisen mühelos.

Das Tragische „ertragen" zu können, hat viel mit der Bewertung desselben zu tun. Manchen gelingt es, einem noch so schlimmen Ereignis etwas Positives abzugewinnen. Diese sehen also das vielstrapazierte halbvolle statt des halbleeren Glases. Wer erfolgreich mit belastenden Lebenssituationen umgeht, den bezeichnet man als innerlich stark, als resilient.

TIPP 21

FRANZ LANDERL

Resilienz – oder wie stehe ich wieder auf

Die Kunst ist, sich einmal öfter aufzurichten als hinzufallen

Nicht immer zeigt uns das Leben die Butterseite, an manchen Tagen umwehen uns gewaltige Turbulenzen und wir segeln auf Halbmast. Nicht immer fühlen wir uns gerecht behandelt oder so wertgeschätzt, wie wir meinen, es verdient zu haben. Wenn Ereignisse sich nicht klar als „Niederlagen" einordnen lassen, neigen wir trotzdem dazu, diese so zu bewerten.

Nur nicht unterkriegen lassen

Solche Zeiten sind vergleichbar mit einer sich anbahnenden Grippe, wenn das Immunsystem des Körpers geschwächt ist und Viren und Bakterien einen guten Landeplatz finden. Hier gibt es ein Zauberwort: Resilienz, vom englischen „resilience", das so viel wie „Spannkraft, Elastizität, Strapazierfähigkeit" bedeutet. Ursprünglich ist der Begriff auf das Lateinische „resilire" zurückzuführen, womit „abprallen" verstanden wird. Gemeint ist die Fähigkeit, erfolgreich mit belastenden Lebensumständen wie Unglücken, traumatischen Erfahrungen, Misserfolgen, Risikobedingungen umzugehen. Ebenso umfasst es die Fähigkeit, sich von einer schwierigen Lebenssituation nicht „unterkriegen zu lassen" beziehungsweise „nicht daran zu zerbrechen".

Eins sein mit dem Leben

Die Forschung zeigt, wie Menschen Strategien zur Bewältigung negativer Erlebnisse entwickeln:

- Es bedarf einer gewissen Widerstandsfähigkeit („Hardiness"), die im Lebenssinn, im Glauben, die Umwelt beeinflussen zu können, und in der Fähigkeit, aus schweren Erfahrungen zu lernen, liegt.
- Durch Selbstaufwertung und Selbstbewusstsein kann manch Unangenehmes ertragen werden.
- Kritische Lebensereignisse werden durch Verdrängung bewältigt: Die Betroffenen neigen dazu, unangenehme Gedanken, Gefühle und Erinnerungen zu vermeiden.
- Auch positive Gefühle und Humor, Interesse an und Aufbau von sozialen Beziehungen sind hilfreich.

Natürlich sind diese Ressourcen wichtig. Trotzdem ist es manchmal notwendig, professionelle Hilfe in Anspruch zu nehmen. Lebens- und Sozialberater stehen Ihnen durch ihre umfassende Ausbildung in Ausnahmesituationen gerne zur Verfügung. Sie verkürzen den Weg zur Selbsthilfe und fördern den Aufbau der Widerstandsfähigkeit, sind gerne „Begleiter ins Leben" und „zu einem gelingenden Leben". Wenn mich die Stürme des Lebens umgeschmissen haben, weiß ich, wer mich beim Aufstehen unterstützt.

Menschen, die wie Stehaufmännchen agieren, leben nach dem Prinzip: Hinfallen, aufstehen, Krönchen richten und weitermachen. Ob Frauen oder Männer resilienter sind, lässt sich laut aktueller Forschung nicht sagen. Was man aber weiß, ist, dass sich Resilienz generationenmäßig verändert. Die Babyboomer-Generation ist mehr analytisch-leistungsorientiert, während die Generation Y kreativ-kommunikativ in der Bewältigung von Krisen ist.

Frauen und Männer entwickeln unterschiedliche Strategien, um mit Lebenskrisen umzugehen. Welche Maßnahmen Frauen ergriffen haben, um gleichberechtigt zu sein und was noch im Argen liegt, daran erinnert der Weltfrauentag.

WELTFRAUENTAG, 8. MÄRZ

Am 8. März ist Weltfrauentag. Der Welttag wird seit 1921 jährlich am 8. März gefeiert und rückt die Forderung nach Gleichberechtigung der Frauen in allen Lebensbereichen in den Fokus.

Der Internationale Frauentag geht auf die deutsche Sozialistin Clara Zetkin zurück. Sie schlug die Gründung auf der Zweiten Internationalen Sozialistischen Frauenkonferenz vor. Zum ersten Mal fand er am 19. März 1911 statt.

Ziel der Bewegung war unter anderem die Einführung des Frauenwahlrechts. Nach einem aufsehenerregenden Frauenstreik in

Russland setzte sich das Datum des 8. März als Internationaler Frauentag durch. Die Vereinten Nationen erkoren ihn später zum „Tag der Vereinten Nationen für die Rechte der Frau und den Weltfrieden".

Heute stehen noch immer Forderungen nach Gleichberechtigung, gleiche Bezahlung für gleiche Arbeit, Anerkennung der Erziehungszeit der Kinder, Frauen in Führungspositionen im Mittelpunkt. Aber auch über gesundheitliche Themen wie Brustkrebsvorsorge, Rauchen, Gebärmutterhalskrebs und Diabetes wird an diesem Tag informiert.

TIPP 22

GERLINDE STROPEK

Ist frau wirklich schon gleichberechtigt?

Wie geht es uns Frauen im 21. Jahrhundert in Österreich?

In vielen Punkten haben Frauen hier die Gleichberechtigung erlangt, wie etwa das Frauenwahlrecht, das Recht auf Bildung mit gleichem Zugang zu Schulen und Universitäten, das Recht, arbeiten gehen zu dürfen und auch den Beruf selbst zu wählen. Weiters dürfen Frauen selbst entscheiden, ob und wen sie heiraten beziehungsweise mit wem sie zusammenleben wollen.

Familie und Haushalt sind Frauensache

Trotzdem ist Österreich, was die Gleichberechtigung oder Gleichstellung betrifft, leider – im Vergleich zum Jahr 2015 – von Platz 37 auf Platz 52 von 144 Ländern (lt. einer Statistik aus dem Jahr 2017) zurückgefallen. Hat das mit der Vielschichtigkeit der Gleichberechtigung zu tun? Denn noch immer ist das traditionelle Rollenbild, dass Kindererziehung und -betreuung sowie Haushaltsführung und die Angehörigenpflege Frauensache ist, im Großteil der Gesellschaft verwurzelt. Wenn Frauen Vollzeit arbeiten (sie leisten dabei die gleiche Arbeit wie Männer, aber mit weniger Gehalt), sind sie es, die dann noch die „unbezahlte" Arbeit zu Hause machen. Dies würde heißen, dass die alten Machtstrukturen und starren Rollenbilder noch immer zutreffen. Wann setzt sich hier die Gleichberechtigung durch?

Frauen unter Druck

Immer wieder erlebe ich, dass Frauen in die Beratung kommen, die ausgelaugt sind, Schlafstörungen haben, nicht mehr weiterwissen und vor einem Burn-out stehen. Das trifft sowohl auf Frauen zu, welche ihrem Beruf nachgehen, als auch auf Frauen, die alleinerziehend sind, und solche, die sich aus Überzeugung entschieden haben, „nur" Hausfrau und Mutter zu sein, die also „nur unbezahlte" Arbeit leisten. Der Druck von außen ist für die Frauen in allen Fällen sehr groß und sie stehen dadurch ständig unter Stress. Von den Frauen, die die Dreifachbelastung erfüllen „müssen" und da speziell von den alleinerziehenden, wird erwartet, dass sie im Beruf und zu Hause perfekt sind, und bei jenen Frauen, die zu Hause alles „managen", wird die Arbeit nicht gewürdigt und honoriert. Auch hier ist Gleichberechtigung gefragt.

Ein wichtiges Ziel des Weltfrauentages muss daher die wertschätzende Umsetzung der Rechte der Frauen sein, die zur Stärkung ihrer Rolle als selbstbestimmte Frau beitragen, aber auch die Verantwortung für die Gleichstellung der Frauen, damit sie im Alter nicht unter die Armutsgrenze fallen.

Es nützt gar nichts, sich beim Thema Gleichberechtigung grün und blau zu ärgern. Denn ärgern schadet nur uns selbst, ohne das Grundübel zu ändern. Apropos Grün: Am Gründonnerstag vor Ostern wird gerne Spinat gegessen. Wie wäre es einmal mit einer 9-Kräuter-Suppe?

EVA FAUMA

Altes Brauchtum neu entdeckt

9-Kräuter-Suppe als Urform des Smothies

Mit dem Gründonnerstag der Karwoche wird das Ende der 40-tägigen Fastenzeit eingeläutet. Sie steht im Zeichen der Buße, Reinigung und Umkehr. Menschen – ob gläubig oder nicht – haben diese vorösterliche Zeit für sich neu entdeckt. Fasten wird auf moderne Art und Weise praktiziert, indem auf Fleisch, Alkohol, Tabak oder Süßigkeiten verzichtet, das Auto stehengelassen oder der Handy- und Fernsehkonsum eingeschränkt wird.

Woher der Name „Grün"-Donnerstag kommt, ist nicht genau belegt. Möglicherweise ist es von „gronan" oder greinen – dem Weinen – abgeleitet und steht damit im Zeichen des Leidens Christi. Traditionell werden an diesem Feiertag grüne Speisen gereicht: Spinatgerichte, Bärlauchspeisen und Kräutersuppen.

Feier des Frühlingsbeginns

Jedoch schon lange bevor die heilige Woche ein christliches Fest zur Auferstehung geworden war, wurde in unseren Breiten der Einzug des Frühlings gefeiert. Nach wochenlanger eintöniger Ernährung mit Kraut, Kohl, Kartoffeln und Konserviertem war die Sehnsucht groß, frische Kräuter sowie junges Gemüse zu ernten und feierlich zu verspeisen. Wildkräuter enthalten die Kraft der einschießenden Säfte, Vitamine und Minerale. Das lange, unfreiwillige Fasten wurde mit einer kräftigenden Kräutersuppe gebrochen.

Urahn der Smoothies

Der Spinat als typische Brauchtumsspeise wird oftmals von der 9-Kräuter-Suppe abgelöst. Ihre symbolische Heilkraft liegt in der Hoffnungsfarbe Grün und der Zahl Neun als Zahl der Vollkommenheit, weil sie dreimal die göttliche Zahl Drei enthält.

Regional variabel – je nachdem, was bis Ostern aus dem Boden schießt – setzt sich diese grüne Speise aus Brennnessel, Giersch, Vogelmiere, Gundelrebe, Sauerampfer, Spitzwegerich, Löwenzahnblättern, Taubnessel, Gundermann, Gänseblümchen, Bärlauch und vielem mehr zusammen. So lässt sich der Frühlingsbeginn feiern. Das junge Grün als regionale und saisonale Speise weist einen hohen Anteil an Chlorophyll, wertvollen Bitterstoffen und bioaktiven Substanzen auf. Nahezu alle Wildkräuter besitzen auch eine medizinische Wirkung, die nun als traditionelle europäische Medizin wieder modern ist. Neben der Wild- und Heilkräutersuppe am Gründonnerstag erfreuen sich Kräuterwanderungen verbunden mit gemeinsamem Kochen und Feiern neuer Beliebtheit.

Mit der Energie der 9-Kräuter-Suppe in den Adern hält uns nichts mehr im Sessel. Wir wollen hinaus, uns bewegen, das Leben einatmen.

ANDREA HÜTTHALER

Bleiben Sie nicht zu lange sitzen

Jede Körperzelle funktioniert in einem aktiven Körper am besten

Man glaubt es nicht, aber gerade das viele Sitzen ist eine enorme Belastung für den Körper. Es kann gesundheitliche Schäden hervorrufen. Schließlich verbringt der Erwachsene heute 50 bis 60 Prozent seines Tages sitzend im Büro, Auto, vor dem Computer, Fernseher, auf dem Sofa ... Neueste wissenschaftliche Studien zeigen, dass Blutzucker- und Blutfettwerte sowie auch eine schlanke Taille nicht so sehr davon abhängen, wieviel Sport man treibt, sondern wie viel oder wie wenig man sitzt.

Stoffwechsel erlahmt

Bewegung löst positive Veränderungen im Stoffwechsel aus. Eine vorwiegend sitzende Lebensweise kann dem Körper hingegen gesundheitliche Schäden zufügen. „Bewegungslosigkeit" hat weniger Durchblutung zur Folge und die Nährstoffversorgung der Gewebe und der lebenswichtigen Organe ist geringer. Natürlich werden durch Bewegungsmangel auch Muskeln abgebaut und teilweise durch Fett ersetzt. Die Gefäße verkalken und verstopfen – die Folgen sind bekannt!

Stütze des Körpers

Beim Sitzen lastet großer Druck auf unseren Bandscheiben – mehr als beim Stehen oder beim Gehen. Heute bekommt man eher einen Bandscheibenvorfall von schlechter Haltung und vielem Sitzen als früher vom schweren Heben. Meist sitzt man ja mit einem Rundrücken, wobei sich Brustbein und Nabel einander annähern und die Bandscheiben der Lendenwirbelsäule stark belastet sind. Dabei sollten die Stoßdämpfer in unserem Rücken – wie alle Knorpel im Körper – gut mit Nährstoffen versorgt werden. Diese Nährstoffe befinden sich in einer Flüssigkeit, die nur dann gebildet wird, wenn Bewegung und Entlastung, also Druck und Zug erfolgt. Bauch- und Rückenmuskeln werden zusehends schwächer. Sie können die Wirbelsäule nicht mehr optimal stützen und die Haltung wird schlechter.

Kinder als gutes Vorbild

Man sagt, der beste Sessel sei jener, der gar nicht benutzt wird. Nur ist das in unserem Leben kaum realisierbar. Daher mein Rat: Nehmen Sie eine aufrechte Sitzposition ein und bleiben Sie in Bewegung! Rekeln und strecken Sie sich immer wieder, lassen Sie sich kleine alltagstaugliche Übungen zeigen, die Sie im Sitzen praktizieren und stehen Sie immer wieder dazwischen auf. Machen Sie es am besten so wie die kleinen Kinder: Die können gar nicht stillsitzen!

Weniger sitzen, mehr bewegen! Jetzt zum Frühlingsbeginn haben Jahreszeiten-Nörgler keine Ausrede: Wenn der Sommer zu schwül, der Herbst zu regnerisch und trüb, der Winter sowieso zu dunkel und zu kalt ist, dann ist jetzt die beste Zeit. Denn am Frühling haben die wenigsten Menschen etwas auszusetzen. Auf der Nordhalbkugel findet am 20. März der kalendarische Frühlingsbeginn (bis zum Jahr 2048) statt, also zu jenem Zeitpunkt, wo der Tag und die Nacht gleich lange dauern. Auch in unserer Sprache hält der Frühling Einzug: Menschen erleben ihren zweiten Frühling oder haben Frühlingsgefühle oder sind frühjahrsmüde. Jedenfalls locken wärmere Temperaturen viele Bewegungshungrige aus dem Winterschlaf. Schnappen Sie sich Ihre Laufschuhe und drehen Sie eine gemütliche Runde im Freien. Wer sich regelmäßig an der frischen Luft bewegt, stärkt sein Immunsystem, baut Stress ab und bringt seinen Körper wieder in Schwung. Viele nehmen auch den bevorstehenden Linz Marathon als Anlass und Motivation, um wieder einmal regelmäßig Sport zu treiben. Aber kann man Sport im Freien auch bei Heuschnupfen, juckenden Augen, laufender Nase und Niesanfällen betreiben?

TIPP 25

ANDREA HÜTTHALER

Bewegung im Freien trotz Allergie

Richtige Medikamente und Grundregeln ermöglichen Outdoorsport

Im Frühjahr haben es Pollenallergiker sowieso schon schwer! Wenn sie dann auch noch begeisterte Sportler sind, die sich vorwiegend und liebend gerne im Freien bewegen, sind sie noch ärmer dran. Denn Allergiker kommen während der Blütezeit dabei noch mehr ins Schnaufen! Zuerst blühen die Bäume, dann die Gräser: Dies belastet das Immunsystem von Betroffenen stark und allergische Reaktionen wie Niesen, juckende Augen, eine laufende Nase, Husten bis hin zur Atemnot und im Extremfall sogar Asthmaanfälle können folgen.

Allergene* feststellen

Trotzdem brauchen Allergiker auf Sport im Freien jedoch nicht zu verzichten, wenn sie sich an gewisse Vorgaben halten. Wichtig ist erstmal, durch einen Allergietest herauszufinden, worauf man im Speziellen allergisch ist. Mit neuen Medikamenten, die im Gegensatz zu früher nicht mehr müde machen – wie Ärzte versichern –, kann man in dieser Zeit leichter durchs Leben gehen oder eben auch laufen.

Wer dann noch, um seinen Sport auszuüben, auf einige wichtige Punkte achtet, dürfte nicht zu stark beeinträchtigt sein:

- Möglichst durch die Nase atmen! Dabei wird die Luft angewärmt, gefiltert und befeuchtet, wodurch insgesamt weniger Pollen in die Lunge gelangen.
- Erst nach einem Regenschauer raus in die Natur – dann befinden sich weniger Pollen in der Luft.
- Gräserpollenallergiker sollten natürlich blühende Wiesen meiden und besser im Wald oder nahe am Wasser trainieren.
- Wenn möglich in Höhen über 1 000 Metern sporteln, dort ist die Konzentration von Pollen gering.
- Auch auf die Tageszeit achten: Am frühen Morgen ist die Pollenbelastung geringer, also schon zeitig am Tag die Trainingseinheit einplanen – vor allem in der Stadt.
- Zum Schluss noch ein Tipp: Gleich nach dem Sport (wenn möglich im Freien) duschen und die Kleidung wechseln, die mit anhaftenden Pollen übersät ist!

* Fachbegriff „Allergen"

Ein Allergen ist eine Substanz, die über Vermittlung des Immunsystems Überempfindlichkeitsreaktionen (allergische Reaktionen) auslösen kann. Die meisten Allergene sind Eiweiße oder Eiweißverbindungen. Das Immunsystem allergischer Patienten reagiert mit der Bildung von Antikörpern auf den Kontakt mit Allergenen.

APRIL

Man sagt, er macht nur, was er will. Er ist ein launischer Gesell, Regen und Sonnenschein wechseln im Minutentakt, auch Hagel, Neuschnee, Nachtfrost und Hitzespitzen bis 30 Grad sind in diesem Monat keine Seltenheit. Jedenfalls dann, wenn man am ersten Tag dieses Monats zum Narren gehalten wird, dann weiß man, es ist April.

Woher dieser Brauch kommt, ist nicht eindeutig belegt. Eine Theorie besagt, dass sich diese Sitte mit der Verlegung des Neujahrstages vom 1. April auf den 1. Januar im Jahre 1564 erklären lässt. Zu Neujahr beschenkte man sich gegenseitig und behielt diese Sitte in Form von Scheingeschenken und unsinnigen Aufträgen am 1. April bei. Jedenfalls werden in Österreich, Deutschland, Frankreich, Großbritannien und in den USA Personen am Ersten „in den April geschickt".

Wenn Sie am 1. April jemandem auf den Leim gehen, ärgern Sie sich nicht über Ihre „lange Leitung" oder Gutgläubigkeit, sondern nehmen Sie es gelassen und mit Humor. Denn jeder schlechte Gedanke über sich gleicht einer Selbstverletzung. Also seien Sie gut zu sich und lesen Sie hier, wie man einen bejahenden Blick auf sich bekommt. Und das ist sicher kein Scherz!

ANDREAS URICH

Wie man ein positives Selbstbild entwickelt

Führen Sie ein Freude- und Erfolgsbuch

Jeder hat ein Bild von sich, und das ist die Basis für Selbstwert und Selbstbewusstsein. Es entsteht in der Kindheit durch die Prägungen der Eltern, der Schule sowie des weiteren Umfelds. In den ersten Jahren „sagen" uns die Erwachsenen, unsere wichtigsten Bezugspersonen, wie die Welt um uns herum funktioniert und wie wir selbst ticken. Natürlich glauben wir ihnen das, wodurch sich unser Selbstbild entwickelt.

Selbstbild lässt sich verändern

Auf die Frage „Wer bin ich?" kann die Antwort „nur die Summe meiner Gedanken" heißen. Dieses „nur" mag einerseits als traurige Erkenntnis, aber andererseits auch als massive Erleichterung empfunden werden. Schließlich gibt es das Selbstbild bloß in unserer Vorstellung. Also ist es auch jederzeit veränderbar. Ein Beispiel: Können Sie zeichnen? Wenn nicht, könnte irgendwann diese Überzeugung durch eine soziale Programmierung entstanden sein. Dadurch kann es passieren, dass mögliche Talente, aber auch Interessen für bestimmte Tätigkeiten und Fähigkeiten vergraben werden. Ein positives Selbstbild ist auch für den beruflichen Erfolg ausschlaggebend. Und um gute Beziehungen zu führen sowie persönliche Krisen zu überstehen. Je positiver das Bild von sich ist, desto widerstandsfähiger und stressresistenter ist der Mensch.

Unabhängig von anderen

Hiermit sind Sie eingeladen, bei Ihnen selbst auf Schatzsuche zu gehen. Erkennen Sie Ihre Stärken und bringen Sie Ihr Potenzial völlig zur Entfaltung. Dazu ist es notwendig, sich selbst bedingungslos anzunehmen. Lenken Sie den Blick auf das Positive und verurteilen Sie sich nicht aufgrund möglicher Schwächen. Das gelingt, wenn Sie ein Freude- und Erfolgsbuch führen: In einer Tagesreflexion notieren Sie sich mindestens drei Dinge, die Ihnen gut gelungen sind und mindestens drei Dinge, für die sie dankbar sind. Dankbarkeit erhöht die Zufriedenheit. Dann erreichen Sie auch das Ziel, sich selbst Anerkennung zu geben, was Sie wiederum unabhängig von der Anerkennung von außen macht.

> Blicken wir auf unsere Kinder! Da der Grundstein für die Entwicklung des Selbstbildes und Selbstwerts in der Kindheit gelegt wird, ist es wichtig, Kindern jeden Tag etwas zuzutrauen. Damit schenken wir ihnen Vertrauen, bestärken sie positiv und machen sie erfolgreich, damit sie sich als selbstwirksam erleben.

Menschen entwickeln ein positives Selbstbild oft durch ihre Leistungen im Beruf, in der Schule, Familie, Kunst und natürlich auch in sportlichen Belangen. Abseits des Leistungsgedankens lernt man im Sport Teamgeist, Fairness, Solidarität, Frieden, Respekt und Freundschaft. Gründe genug, einen Tag zum internationalen Tag des Sports zu erklären.

INTERNATIONALER TAG DES SPORTS, 6. APRIL

Sport fördert nicht nur die Gesundheit, sondern auch die Gemeinschaft und vor allem auch den Frieden. Aus diesem Grund haben die Vereinten Nationen (UN) am 23. August 2013 in New York den 6. April zum „Internationalen Tag des Sports für Entwicklung und Frieden" erklärt. Warum gerade der 6. April? Weil am 6. April 1896 die feierliche Eröffnung der I. Olympischen Sommerspiele der Neuzeit in Athen stattfand. Mit der Resolution hat die UN alle Mitgliedsländer aufgerufen, den Sport zu fördern, und zwar in allen Gesellschaftsschichten. Mit dabei waren neben den Vertretern aller UN-Mitgliedsstaaten auch der IOC-Präsident Jacques Rogge sowie der damals Erste in der Tennis-Weltrangliste Novak Djoković. Dieser rief zu Teamgeist, Fairness und vor allem Respekt gegenüber dem Gegner auf.

Der Welttag des Sports ist ein Tag des Friedens und der Entwicklung. Damit sollen auch die olympische Bewegung und ihre Ziele hervorgehoben werden. Der Aufbau einer besseren und vor allem friedlicheren Welt und die Erziehung der Jugend im Sinne von Fairness, Solidarität und Freundschaft ohne jede Art von Diskriminierung, Streit, Zwist und Krieg.

Zusätzlich wurden fünf zentrale Leitideen entwickelt:

- Sport und Sportarten für jeden Menschen,
- Sport zur Verbesserung des physischen und auch des psychischen Wohlbefindens,
- für ein kompromissbereites und respektvolles Miteinander,
- für die Gleichstellung der Geschlechter,
- für die Persönlichkeitsentwicklung aller Jugendlichen und Kinder.

Regelmäßige Bewegung ist das Um und Auf, um gesund zu bleiben. Doch was tun, wenn das Knie sticht, die Hüfte zwickt und die Schulter wehtut?

MANFRED SIMONITSCH

Schmerzen als steter Begleiter

Mit gezieltem Training wird Sport zum schmerzfreien Genuss

Gezielte Trainingsvorbereitung stärkt die Muskulatur und Kondition. So macht sportliche Freizeitbeschäftigung richtig Spaß. Glücksgefühle entstehen.

Doch was, wenn diese ausbleiben, weil es in gewissen Bereichen des Körpers zwickt und zwackt? Betrachten wir zuerst eine Sportart in der warmen Jahreszeit: Golf spielen. Spätestens ab Loch 7 fängt dieser Schmerz in der Schulter an, die Lendenwirbelsäule meldet sich, die Hüfte sticht und bohrt, die Knie schreien um Hilfe. Wer schon vor der Golfrunde Schmerzmittel einnimmt, ignoriert die Warnrufe seines Körpers.

Wenden wir uns einer Sportart der kalten Jahreszeit zu, dem Skifahren: Viele verbringen die Weihnachts-, Semester- oder Osterferien auf der Skipiste. Nach zwei Tagen Skifahren zieht die Muskulatur, erste Ermüdungserscheinungen tauchen auf, das eine oder andere Gelenk fängt an zu schmerzen, die Füße brennen, der Rücken spannt, Kopfschmerzen sind die Folge. Aber viele kennen mit ihrem Körper keine Gnade und ziehen das Vorhaben, eine Woche Ski zu fahren, durch. Egal, was wehtut und welches Risiko eingegangen wird. Das kann auch böse enden. Aber es gibt Möglichkeiten, hier anders vorzugehen!

Gut vorbereiten

Die Antwort ist einfach und lautet: gezielte Vorbereitung. Dazu gibt es eine gute, aber auch eine schlechte Nachricht. Zuerst die gute: Es ist durchaus möglich, sich auf hohe und teilweise einseitige Belastungen vorzubereiten. Nun die schlechte: Es ist schon ein wenig anstrengend und eventuell kommen Sie auch ins Schwitzen. Aber ich will Sie einladen, inspirieren und Ihnen auch Mut machen, sich gezielt vorzubereiten. Ist Ihr Training sinnvoll geplant, folgt eine klare Leistungssteigerung für Ihren Organismus. Setzen Sie sich realistische Ziele, trainieren Sie mit perfekter Qualität und gönnen Sie Ihrem Organismus viel gute Bewegung. Wichtig ist ein auf ihre Bedürfnisse abgestimmtes Training von höchster Güte.

Bewegung statt Pulverl

Damit ersparen Sie sich nicht nur die Kosten für Medikamente, sondern – was viel erfreulicher ist – alle schlechten Nebenwirkungen, die den Organismus belasten. Schließlich

> kommen die Schmerzen ohnedies wieder zurück. Tun Sie sich selbst etwas Gutes und beginnen Sie mit regelmäßigem, hochqualitativem Training. Durch fundierte Ausbildung wissen Sportwissenschafter, wie professionelles Training gelingt.

Bewegung ist eine Freizeitgestaltung, die – wenn sie richtig durchgeführt wird – uns in vielen Belangen einfach gut tut. Egal, ob wir in unseren berufsfreien Stunden Sport machen oder uns künstlerisch betätigen, basteln, spielen, lesen, etwas sammeln oder Musik hören – es soll Spaß machen, entspannen und ein Ausgleich sein. Die Pflege aller Hobbys darf ein Fixpunkt im Kalender sein, ohne dabei zur Belastung zu werden.

TIPP 28

GERLINDE STROPEK

Sinnvolle Freizeit hilft Jung und Alt

Hobbys sind ein Lebenselixier, wenn sie nicht zur Pflicht werden

Im Zeitalter von Smartphone und Tablet scheinen Hobbys für eine „sinnvolle Freizeitgestaltung" zurückgedrängt, trotzdem sind diese wichtiger denn je. Doch was steckt dahinter, dass eine sinnvolle Freizeitgestaltung eine Bereicherung für unser Leben ist? Die Antwort ist klar: sich Zeit für Dinge zu nehmen, die Spaß machen und einen Ausgleich zum stressigen Berufsalltag bringen. Hobbys fördern die Konzentration, Entspannung, Flexibilität sowie die Zusammengehörigkeit mit Familie und Freunden, wodurch auch der Teamgeist gestärkt wird. Zum Unterschied vom Beruf soll ein Hobby nicht an eine Verpflichtung gebunden sein. Das Hobby darf nicht zum Stress ausarten, sondern soll Spaß machen, woraus man Kraft und Energie schöpft. So bilden Hobbys eine Balance zwischen Arbeitsalltag und Privatleben.

Hobbys tun uns allen gut

Sinnvolle Freizeitgestaltung ist schon für Kinder wichtig. Dabei darf es jedoch zu keiner Überforderung der Kleinen in der Freizeit kommen. Am besten überlegen die Eltern gemeinsam mit ihren Sprösslingen, welche Hobbys sie pflegen möchten. Wichtig dabei ist, dass die Kinder diese selbst aussuchen und dann noch Zeit für eine gemeinsame Freizeitgestaltung mit der Familie bleibt.

Und wie wirken Hobbys bei den Großen? Arbeitnehmer, die einem Steckenpferd frönen, sind in ihrem beruflichen Alltag ausgeglichener und arbeiten produktiver. Das haben schon viele Unternehmen erkannt und bieten ihren Mitarbeitern in der Freizeit etwa Outdoor-Erlebnisse wie Wandern und Radfahren an. Auch das kreative Potenzial der Kollegen wird bei Fotografie, Malen, Musizieren, Tanzen und Kochen angeregt.

Aktivsein hält jung

Was hat es mit dem berühmten Pensionsloch auf sich? Um einer plötzlichen Leere nach jahrzehntelanger Berufstätigkeit zu entkommen, ist eine sinnvolle Freizeitgestaltung für Pensionisten wichtig. Da heißt es, rechtzeitig „vorzubeugen" und sich schon vor dem Pensionseintritt ein Hobby zu suchen. Denn es ist erwiesen, dass gerade jene älteren Menschen, die ihre Freizeit sinnvoll nützen, geistig und körperlich länger fit und gesund bleiben. Sie schützen sich vor Einsamkeit und trainieren dadurch ihre Konzentration und Merkfähigkeit.

In verschiedenen „Lebensschulen" und Bildungshäusern werden immer wieder Seminare zu einer „sinnvollen Freizeitgestaltung" angeboten. Beachten Sie aber, dass Ihr Hobby nicht in Stress ausartet, sondern zur Erholung vom Alltag dient.

WELTGESUNDHEITSTAG, 7. APRIL

Jeden Abend geht einer von neun Menschen hungrig ins Bett. Knapp 14 Millionen Menschen sterben jährlich durch übertragbare Krankheiten. Über 30.000 Menschen verhungern täglich. Auf der Erde lebten zum Jahreswechsel 2018/19 rund 7,7 Milliarden Menschen. Die Weltgesundheitsorganisation (WHO) beschäftigt sich mit solchen und anderen globalen Themen.

Daran soll der Weltgesundheitstag erinnern, der Jahr für Jahr auf der ganzen Welt am 7. April begangen wird. An diesem internationalen Aktionstag finden Kongresse, Messen und weitere Events statt, die auf aktuelle Probleme mangelnder Gesundheitsversorgung und deren Folgen aufmerksam machen. Die WHO legt jährlich ein neues Gesundheitsthema von globaler Relevanz für den Weltgesundheitstag fest. Ziel ist es dabei, dieses Gesundheitsproblem ins Bewusstsein der Weltöffentlichkeit zu rücken. Die zum Teil dramatischen gesundheitlichen Verhältnisse in Entwicklungsländern und andere Themen wie Impfschutz, Ernährung, Rauchen, Unfälle und Familiengesundheit waren bisher relevante Themen. So konnte bereits durch kontinuierliche Bekämpfungsmaßnahmen wie beispielsweise Impfungen im Jahr 1980 die Ausrottung der Pocken bekannt gegeben werden. Die WHO ist international vernetzt und überwacht die Meldepflicht von ansteckenden Krankheiten.

Während Zigtausende Menschen täglich verhungern, dürfen wir uns Gedanken machen, wie wir essenstechnisch den Tag am besten starten. Schlaraffenland quasi! Wir alle sollen frühstücken, bevor wir unsere Tagesaktivitäten starten. Besonders Kinder, die manchmal Frühstücksmuffel sind, sollten zumindest etwas Warmes trinken, ehe sie das Haus verlassen.

TIPP 29

ARIANE HITTHALLER

Wer frühstückt, ist ein Kaiser

Mit Kräutertee und Müsli können sich Kinder leichter konzentrieren

Mit einer kleinen Morgenmahlzeit gelingt der Start in den Tag gleich viel besser. Eine kürzlich durchgeführte Studie zeigt einen eindeutig positiven Zusammenhang zwischen Frühstück und schulischer Leistung bei 9- bis 11-Jährigen. Kinder profitieren also beim Lernen und bei der kognitiven Entwicklung besonders von dieser ersten Mahlzeit am Tag. Auch Lehrer wurden dazu befragt und sie bestätigen, dass Kinder, die nicht frühstücken, ab etwa 10 Uhr zu schwächeln beginnen. Manch einer schläft sogar ein. Ohne Mahlzeit außer Haus zu gehen, hat also eine Auswirkung auf das Verhalten und die Konzentration. Dies ließe sich leicht verhindern.

Ändern, was zu ändern ist

Mit einem kleinen Frühstück können wir unsere Kinder unterstützen, besser zu lernen. Natürlich ist die Ernährung nur ein Faktor einer Vielfalt von Dingen, die sich auf unser Befinden, unsere Lernfähigkeit und unsere Aufmerksamkeit auswirken. Genauso wichtig sind ausreichender Schlaf, ein Umfeld, in dem wir uns wohl und unterstützt fühlen und ein möglichst sorgen- und stressfreies Leben. Auf einige dieser Faktoren haben wir keinen Einfluss. Was wir aber sowohl für unsere Kinder als auch für uns selbst tun können, ist, uns den Start in den Tag mit einer kleinen Morgenmahlzeit zu erleichtern. Ein gesundes Frühstück besteht aus diesen vier Bestandteilen: Getreide (Brot, Müsli), Milchprodukt (Käse, Joghurt), Obst und Gemüse und ein Getränk.

Auch Frühstücksmuffel sollten zumindest ein warmes Getränk zu sich nehmen. Vielleicht lässt sich der eine oder andere dann auch noch zu einem Stück Obst oder Toast überreden. Der Blutzucker dankt dies nach einer langen Nacht ohne Energiezufuhr. Wer diesen Rat nicht befolgt, wird zwar nicht gleich zusammenbrechen, aber man kommt halt leichter in die Gänge. Jedes Kind darf immer mitaussuchen, was es möchte.

TIPP 30

ARIANE HITTHALLER

Warmes Frühstück geht ganz schnell

Zur Abwechslung essen Kinder gerne etwas Warmes am Morgen (2 bis 4 Portionen):

Veganes Couscous-Frühstück

Eine Tasse Couscous mit zwei Tassen kochendem Wasser überbrühen und zwei Minuten rasten lassen, eine Handvoll Rosinen und Walnüsse, zwei Teelöffel Kokosflocken und einen Klecks Marmelade dazu, fertig. Das Gericht schmeckt auch kalt gut und ist sogar vegan.

Porridge

40 g Haferflocken (ca. 4 EL, Feinblatt) in 300 ml Milch (auch Milch-Wasser-Mischung) einrühren und köcheln lassen, dabei kräftig umrühren. Mehr Flüssigkeit macht den Porridge cremiger. Mit einer Prise Salz und einem EL Honig abrunden. Je nach Lust und Laune kann der Haferbrei nun mit geriebenen Nüssen, Leinsamen (gequetscht und in Wasser eingeweicht), Zimt, Joghurt, Bananen und Beeren verfeinert werden. Fertige Haferbreimischungen gibt es im Handel in Bioqualität zu kaufen, das hilft Eiligen am Morgen.

Je nach Art des Frühstücks sinkt früher oder später am Vormittag der Blutzuckerspiegel wieder ab und der Magen fängt zu knurren an. Für Berufstätige gibt es einige Möglichkeiten, das zu ändern und sich Kalorien zuzuführen: Mitgebrachtes von zu Hause am Arbeitsplatz aufzuwärmen, den Wirt ums Eck aufzusuchen, beim Lebensmittelhandel Snacks und portionierte Mahlzeiten einzukaufen oder die Betriebsküche zu beehren.

ERIKA MITTERGEBER

Du bist, was du isst

Gute Betriebsküchen sorgen für fitte und gesunde Mitarbeiter

Leistungsfähig und effizient – das wird von uns im Berufsalltag erwartet. Dafür wird viel Energie benötigt, die wir uns in hochwertiger Form zuführen wollen. Aber erfüllt die Qualität der Speisen und Getränke von Betriebsküchen diesen Anspruch? Schließlich sollen Mahlzeiten auch köstlich und preiswert sein.

Der Wert eines guten Essens ist unbezahlbar. Gutes Essen – das bedeutet nicht nur, dass es schmeckt, sondern auch, dass es bekömmlich ist, die Leistungsfähigkeit fördert und langfristig die Gesundheit erhält. Leider wird dieses Potenzial in Unternehmen mit betriebseigener Küche viel zu selten genutzt. Oft wird die Kantine als Notwendigkeit im Betrieb gesehen und nicht als Ort der aktiven Gesundheitsförderung. Dürfen der Preis und traditionelle Vorstellungen von Mittagsverpflegung die einzigen Kriterien sein?

Nicht nur Wiener Schnitzel

Faktum ist: Unternehmen, die in zeitgemäße Verpflegung investieren, sichern sich langfristig gesunde und leistungsfähige Mitarbeiter. Die Unternehmensführung trägt die Verantwortung, dem Mitarbeiter Zugang zu ausgewogenen Mahlzeiten zu ermöglichen. Dazu muss es am Speiseplan gesunde Alternativen zu Schweinsbraten und paniertem Fisch geben. Der Mitarbeiter darf zwischen traditioneller und bedarfsgerechter Verpflegung wählen. Idealerweise wird die gesündere Entscheidung so leichter gemacht, indem das gesunde Gericht preislich günstiger ist.

Alle profitieren

Der Mitarbeiter selbst ist jedoch auch in der Pflicht: Welchen Stellenwert hat eine vernünftige Ernährung im eigenen Leben? Ist man selbst bereit, ein gesünderes Speisenangebot anzunehmen? Kommuniziert man seine (Nicht-) Zufriedenheit mit der Verpflegung? Die Nachfrage regelt schließlich das Angebot.

Der Nutzen einer gesunden Betriebsküche stellt sich langfristig ein: Reduktion von ernährungsbedingten Beschwerden, weniger Krankenstände, größere Zufriedenheit, motivierte und leistungsfähige Arbeiter und Angestellte. Die Mitarbeiter sind die wesentliche Ressource eines Unternehmens – heute und morgen. Wie kann ein Unternehmen dieses Potenzial ungenutzt lassen?

Doch wo findet ein Unternehmen fundierte Unterstützung, wenn es die Verpflegung seiner Mitarbeiter optimieren will? Ernährungswissenschafter und Diätologen sind hier die richtigen Spezialisten, um Betriebsgastronomie mit Gesundheitsförderung einfach zu verbinden.

Sind Sie mit Ihrem Körper zufrieden? Nein – damit sind Sie in guter Gesellschaft, denn die meisten sind es nicht. So sind 91 Prozent aller Frauen mit ihrem Körper unglücklich. Frauen werden an ihrem Äußeren gemessen und leiden unter dem Druck, perfekt aussehen zu müssen. Das ist durch die smartphonegestützte Fotoflut via WhatsApp, Instagram, Snapchat & Co nicht besser geworden. Obwohl Frauen oftmals eine gesunde Lebensweise haben, sind sie nicht automatisch gertenschlank. Sie meinen eine Diät müsse also her, damit Sie bei der Aktion „Badeschönheit" eine gute Figur machen? Mitnichten. Diäten machen selten schlank. Wussten Sie, dass es gegen den Diätwahnsinn einen Anti-Diättag gibt? Der ist zwar erst am 6. Mai, trotzdem wollen wir schon jetzt auf das Thema der unendlichen Diätgeschichten eingehen.

ERIKA MITTERGEBER

Schreiben Sie Diätgeschichte?

Abnehmen gelingt mit neuem Lebensstil und Hilfe von außen

„Ich habe schon so oft abgenommen, dass ich bereits selbst ein Diätbuch schreiben könnte." Diesen Satz habe ich schon zigfach gehört.

Gerade der Frühling ist eine gute und beliebte Zeit abzunehmen. Nein, hier folgt nicht der nächste Ernährungstipp. Und leider nein, dieser Beitrag schmilzt Ihr Hüftgold nicht quasi beim Lesen weg. Die folgenden Zeilen geben Ihnen aber die Möglichkeit, einen persönlichen Weg für Ihr Wunschgewicht einzuschlagen. Nehmen Sie sich ein paar Minuten Zeit und machen Sie sich Gedanken zu folgenden Fragen:

Weshalb will ich abnehmen?

„Eigentlich fühle ich mich ja wohl, aber schlanker wäre ich schon gerne." Reicht das als Motivation für Sie aus? Eher nicht. Zielführender ist es, sich vor Augen zu führen, was besser sein wird, nachdem Sie abgenommen haben. Notieren Sie Ihre Gründe zum Abnehmen, sie helfen Ihnen, in schwierigen Abnehmzeiten durchzuhalten!

Welche Umstände und Ereignisse könnten mein Abnehmvorhaben erschweren?

Liegt es am Stress, an falschen Essgewohnheiten, mangelnder Bewegung oder anderen Dingen? Noch wichtiger ist vielleicht die Frage: Welche dieser Ursachen können Sie alleine verändern, für welche ist externe Hilfe nötig?

Wer unterstützt mich bei meinem Vorhaben?

Holen Sie sich Menschen ins Boot, die Sie beim Abnehmen motivieren. Vielleicht jemanden, der mit Ihnen gemeinsam abnimmt, fixe Bewegungstermine einhält, Stolpersteine und Probleme bespricht. Es ist keine Schande, sich Hilfe zu holen.

Wie schaffe ich es, auf Dauer schlank zu bleiben?

Der Weg mit der höchsten Erfolgswahrscheinlichkeit ist leider auch der steinigste: Lebensstilwechsel mit Änderung der Essgewohnheiten. Patentlösungen gibt es dafür keine. Ernährungswissenschafter und Diätologen helfen dabei, ungesunde Gewohnheiten in gesunde zu verwandeln.

Viele Menschen mit Übergewicht blicken auf eine lange Diätgeschichte zurück, die von zahlreichen Misserfolgen gespickt ist. Dass Abnehmen oft viele Versuche braucht, liegt nicht an fehlender Disziplin, meist aber an mangelnder Unterstützung. „Das muss ich doch alleine schaffen können", ist ein Gedanke, der es Ihnen unnötig schwer macht. Am Ende dieses vielleicht etwas untypischen Ernährungsbeitrages wünsche ich Ihnen viel Erfolg beim Abnehmen!

Der Frühling bringt häufig unangenehme Symptome mit sich: Kopfschmerzen, Schwindel und Müdigkeit. Diese sogenannte Frühjahrsmüdigkeit ist kein Mythos und kann Betroffenen die ersten schönen Tage vermiesen. Der Körper muss hart arbeiten, um die Temperatur- und Luftdruckschwankungen zwischen Tag und Nacht auszugleichen. Der Hormonhaushalt stellt langsam auf Sommerbetrieb um. Das kostet Energie und kann sehr müde machen. Viel Obst, Gemüse, Hülsenfrüchte und Vollkornprodukte zu essen, unterstützt den Organismus – ebenso wie Wechselduschen. Am wichtigsten ist es aber, trotz Abgeschlagenheit rauszugehen, da das Sonnenlicht den Hormonhaushalt ankurbelt und dabei hilft, das wichtige Serotonin* (siehe Kapitel Februar) zu produzieren.

TIPP 33

ANDREA HÜTTHALER

Bewegung hilft bei Frühjahrsmüdigkeit

Zu Frühlingsbeginn ist Antriebslosigkeit ein natürliches Phänomen

Natürlich weiß jeder um den Nutzen und die Bedeutung von (mehr) Sport für ein gesundes Leben. Trotzdem sind manche einfach zu müde – geistig wie körperlich, um Bewegung in ihren Alltag zu integrieren. Aber was tun, wenn man sich nicht aufraffen kann?

Gelassen bleiben

Den inneren Schweinehund zu besiegen – sich „in die Pflicht zu nehmen" – das gelingt nicht immer, außer wenn Sport zum täglichen Brot gehört. Also überlegen wir, was denn unsere Grundbedürfnisse im Leben sind. Das wären: Kräfte spendendes Essen und Trinken, Sex, Schlaf und Bewegung an der frischen Luft. In der richtigen Dosierung erfährt der Körper damit ein natürliches Erwachen. Und die Arbeit des Körpers gegen die Müdigkeit kann beginnen. Denn es gilt:

Bewegung ist Medizin

In einer schwedischen Langzeitstudie fanden Wissenschafter heraus, dass durch Sport unter anderem die Lebenserwartung steigt.
Dieser positive Effekt tritt nach mindestens drei Stunden pro Woche Sport oder genauso langer schwerer Gartenarbeit ein.
Wer als 50-Jähriger regelmäßig dieses Maß an sportlicher Bewegung aufbringt, lebt etwa um zwei Jahre länger als jene Menschen, die ihre Freizeit vor allem im Sitzen verbringen. Übrigens: Wer erst mit 50 anfängt, Sport zu machen, kann genauso alt werden wie diejenigen, die schon in jungen Jahren damit angefangen haben.

Ist das nicht motivierend? In Befragungen geben Sportler an, dass sie sich besser gegen Stress geschützt fühlen. Denn Sport lenkt ab und erzeugt eine gute Stimmung, die noch lange nachwirkt und Wohlgefühl erzeugt. Viele Ärzte sprechen von einer grundsätzlichen Vitalisierung und einer erhöhten Libido* bei Menschen, die regelmäßig Sport betreiben. Gemeinsam mit einem Trainingspartner oder einer -gruppe zu sporteln, motiviert ungemein.

* Fachbegriff „Libido"

Der Begriff der Libido stammt aus der Psychoanalyse und ist das lateinische Wort für Sexualtrieb. Im allgemeinen Sprachgebrauch wird Libido als Begriff für sexuelle Lust und Begehren verwendet. Die Libido bezeichnet das sexuelle Verlangen oder die sexuelle Triebkraft beim Menschen.

Der April mit seinem wechselhaften Wetter neigt sich dem Ende zu. Nehmen Sie sich jeden Tag einen kurzen Augenblick Zeit, achtsam zu sein, in sich hinein zu spüren.

TIPP 34

FRANZ LANDERL

Kurz-Tipp zum Monatsende

Achtsam sein und loslassen

Wenn uns die ersten Mailüfterl um die Nase wehen, lüften Sie auch Ihre Seele durch. Unternehmen Sie Spaziergänge im Regen, riechen Sie bewusst den Duft nassen Waldes, der Wiesen. Beachten Sie die blühenden Bäume und Blumen! Bewundern Sie das Wachstum und die Veränderung in der Natur und lauschen Sie dem Zwitschern der Vögel. Der Frühling bringt eine Aufbruchsstimmung mit sich, die uns Gewohnheiten hinterfragen oder langgesehnte Wünsche verwirklichen lässt: „Jetzt sehe ich mir endlich den Kinofilm an!", „Diesen Sonntag bleibe ich auf der faulen Haut liegen." Oft sind es kleine Dinge, die Großes bewirken. Damit zeigen Sie sich gegenüber Wertschätzung und starten neu durch.

MAI

Alles neu macht der Mai! Wie oft verwenden wir in unserem Sprachgebrauch diese Redewendung? Das hat sich der Autor Hermann Adam von Kamp (1796–1867) wohl auch nicht gedacht, als er seine Volksweise mit diesem Titel geschrieben hat.

Es liegt schon eine große Sehnsucht in dem Satz: verändern, neu gestalten, aufblühen, selbst neue Akzente setzen. Die Tage werden länger, die Sonnenstrahlen wärmen stärker, das Grün der Pflanzen wirkt motivierend, das Vogelgezwitscher belebt schon in aller Frühe. Alles lauter gute Startbedingungen für ein gelingendes Leben. Jetzt liegt es an uns. Dabei geht es aber Step by Step und nicht im Eilzugstempo. Manchmal überfordern, ja enttäuschen wir uns sogar, weil wir zu viel wollen und noch dazu alles auf einmal.

Der Erfolg, die gute Laune sind keine Dauerbrenner und Selbstläufer, sondern wollen errungen und „erlebt" werden. Es geht nicht alles von selbst, der „innere Schweinhund" hält uns von den Vorsätzen ab, es geht so manches Mal wieder an den Start zurück. Lassen wir uns vom „Störfeuer" der seelischen und körperlichen „Eisheiligen" nicht unterkriegen. So wie die Blumen den Dünger von außen als Unterstützung brauchen, könnte es gut sein, dass auch wir uns Unterstützung holen, im mentalen Bereich, bei Trainingsgruppen von Gleichgesinnten, durch wen auch immer. Alleine ist es allemal schwerer. Veränderung in unserem Leben passiert nicht so einfach, sondern es ist immer wieder unser Zutun gefragt.

Alles neu macht der Mai,
macht die Seele frisch und frei.
Lasst das Haus, kommt hinaus,
windet einen Strauß!
Rings erglänzet Sonnenschein,
duftend pranget Flur und Hain;
Vogelsang, Hörnerklang
tönt den Wald entlang.

Wir durchzieh'n Saaten grün,
Haine, die ergötzend blüh'n,
Waldespracht, neu gemacht
nach des Winters Nacht.
Dort im Schatten an dem Quell
rieselnd munter silberhell
Klein und Groß ruht im Moos,
wie im weichen Schoß.

Hier und dort, fort und fort,
wo wir ziehen, Ort für Ort,
alles freut sich der Zeit,
die verjüngt erneut.
Widerschein der Schöpfung blüht
uns erneuernd im Gemüt.
Alles neu, frisch und frei
macht der holde Mai.

JUTTA DIESENREITHER

„Ab heute esse ich kein Fleisch mehr"

Vegetarische Ernährung ist gerade bei Kindern modern

Im Mai eröffnete mir meine elfjährige Tochter Emma komplett unerwartet: „Ab heute esse ich kein Fleisch und keine Wurst mehr." Die Gründe waren nicht ganz eindeutig zu definieren und reichten von artgerechter Tierhaltung bis „schmeckt mir eh nicht so gut". Als coole, verständnisvolle Mama sei das für mich doch kein Problem, dachte ich. Nach anfänglichen Aha-Erlebnissen meiner Tochter, dass auch geliebte Ripperl und Salami Fleisch und Wurst sind, besprachen wir gemeinsam, welche Lebensmittel zu vegetarischer Ernährung zählen. Fisch, Eier und Milchprodukte wurden akzeptiert, nur Fleisch und Wurst sowie alle daraus hergestellten Produkte nicht.

Fleisch und Wurst, nein danke!

In pflanzlicher Kost steckt viel Gutes: Vitamine K und C, Mineralstoffe (Magnesium, Kalium), Ballaststoffe und sekundäre Pflanzenstoffe. Zu den kaum vorhandenen Nährstoffen zählt jedoch Vitamin B12, Eisen aus pflanzlichen Quellen wird weniger gut aufgenommen. Daher sind Vollkornprodukte im Speiseplan wichtig, wenn man auf Fleisch als Eisenlieferanten verzichtet. Auch auf die ideale Kombination von Lebensmitteln ist zu achten: Pflanzliches Eisen aus Getreide kann der Körper am besten mit Vitamin C verwerten, also ein Topfen-Vollkornbrot mit Paprika garnieren, den Hirseauflauf mit Äpfeln verfeinern oder den Speisen Orangen- und Zitronensaft zugeben.

Eiweiß – schlau kombiniert

Kinder, die noch wachsen, benötigen Eiweiß als Baustoff. Der Körper kann Eiweiß, kombiniert aus verschiedenen Quellen, besser nutzen: Spinat und Kartoffeln mit Ei, Müsli, Linsensalat mit Käse, Zartweizenpfanne mit Ei, überbackene Gemüse-Palatschinken etc. Wenn langfristig nur Beilagen gegessen werden beziehungsweise der Zuckeranteil in der Nahrung durch mehr Süßspeisen steigt („Puddingvegetarier"), erhält der Körper nicht alle notwendigen Nährstoffe. Unsere Familienernährung ist nun noch um einiges bunter und vielfältiger geworden. Wir essen alle nachweislich weniger Fleisch, da ich ein Extrakochen einer vegetarischen Speise aus Bequemlichkeit ablehne.

Fleischlos essen liegt bei Kindern und Jugendlichen stark im Trend. Wenn Vollkorn- und Milchprodukte, Hülsenfrüchte, Nüsse sowie hochwertige Pflanzenöle (Rapsöl, Walnussöl, Leinöl) bei der Speisenzubereitung eingesetzt werden, sind keine Mangelerscheinungen zu erwarten.

Vegetarische Ernährung ist nicht nur gut oder böse, schwarz oder weiß: Wie bei vielen im Leben sind es die Graubereiche, die feinen Zwischentöne, die genau das richtige Maß sind, ohne Mittelmaß zu sein.

MARIA REISCHAUER

Wer eher das Gute oder Schlechte sieht

Über Optimisten, Pessimisten und positive Realisten

Optimisten sehen die Welt besser, als sie ist. Pessimisten glauben daran, dass wahrscheinlich alles schlimm enden wird. Wenn wirklich etwas Schlimmes passiert, dann sind wohl die Pessimisten besser darauf vorbereitet. Dafür hatten die Optimisten wahrscheinlich weniger Stress und mehr Spaß bis zu diesem Zeitpunkt. Pessimist zu sein, hat seine Vorteile, aber auch Schattenseiten. Als Optimist zu leben, auch.

Nur schwarz oder weiß geht nicht

Natürlich ist das mit den Pessimisten und den Optimisten nur Schubladen-Denken. Jeder von uns ist ja manchmal eher optimistisch und manchmal pessimistisch. Die wirklich hundertprozentigen Optimisten und die Vollzeit-Pessimisten sind sehr selten. Dennoch haben wir wahrscheinlich alle eine Tendenz, neigen also etwas mehr in die eine oder andere Richtung.

Als dritte Möglichkeit tut sich der positive Realist auf. Als solcher kann ich beide Seiten der Welt sehen. Ich nehme das Gute wie auch das Schlechte im Leben wahr. Als positiver Realist weiß ich, dass die Welt ein wunderbarer Ort voller Mitgefühl, Chancen und

Möglichkeiten ist. Ich weiß aber auch, dass das Leben manchmal grausam, gemein und ungerecht sein kann.

Gedachtes erfüllt sich

Als positiver Realist sehe ich die Welt eher in ihrer Gesamtheit. Dabei bevorzuge ich es, tendenziell auf die positiven Aspekte des Lebens zu schauen. Auch weil ich weiß, dass wir oft mehr von dem bekommen, worauf wir unsere Aufmerksamkeit am häufigsten richten – also lieber den Fokus auf die „guten Dinge" legen.

Als positiver Realist bin ich mir der Gefahren in der Welt bewusst. Und ich wappne mich dagegen so gut, wie es geht, aber ohne es zu übertreiben. Ich tue, was getan werden muss, und wende mich dann wieder jenen Seiten des Lebens zu, die mich bereichern.

Ich jongliere geschickt mit Hoffnung und Risiken, mit Vorbereitung und mit dem Genuss des Augenblicks, mit Problembewusstsein und Dankbarkeit für das, was es alles Gutes in meinem Leben gibt.

Ich verneine weder das Gute noch das Schlechte, denn ich bin Realist. Ich habe aber auch eine bewusste Entscheidung getroffen, mich mehr auf das Gute in der Welt zu fokussieren. Deswegen bin ich eine positive Realistin!

Was sind Sie? Auf dem Weg, das herauszufinden und vielleicht verändern zu wollen, begleiten Sie die Lebens- und Sozialberater gerne.

WELTLACHTAG, 1. SONNTAG IM MAI

Der Weltlachtag wird jeden ersten Sonntag im Mai begangen. Die Idee stammt aus der Yoga-Lachbewegung, die weltweit über 6.000 Lachclubs in mehr als 100 Ländern auf allen Kontinenten umfasst. Um Punkt 14 Uhr mitteleuropäischer Zeit wird dabei in Europa gemeinsam eine Minute lang gelacht.

Das mag erst mal lustig klingen, aber die Hintergründe sind durchaus ernsthaft. Ausgerufen und erfunden hat diesen Aktionstag und das damit verbundene Lach-Yoga der indische Arzt und Yogalehrer Madan Kataria im Jahr 1998. Doch warum bloß? Der Weltlachtag soll auf den Weltfrieden, das Glück und die Gesundheit aufmerksam machen.

Dass Lachen gesund ist, weiß jedes Kind. Es gibt sogar einen eigenen Forschungszweig dafür, die Gelotologie. Was passiert also mit dem Körper, wenn man lacht? Durch das ruckartige Ausstoßen der Atemluft werden Stresshormone abgebaut. Das Immunsystem wird gestärkt und schmerzstillende, entzündungshemmende Substanzen werden freigesetzt. Auch Atmung, Stoffwechsel und Sauerstoffaustausch im Gehirn werden angeregt.

Wir wünschen eine schöne Lachwoche bis zum zweiten Sonntag im Mai, dann steht nämlich einem fröhlichen Muttertag nichts mehr im Wege.

FRANZ LANDERL

Geschenktes Lachen kehrt 100-fach zurück

Humor ist ein soziales Schmiermittel

Wie oft an einem Arbeitstag haben wir die Chance, aus sauren Zitronen süße Limonade zu machen? Jederzeit, behaupte ich. Gerade dann, wenn Sie folgende negativen Gedanken aus Ihrem Arbeitsumfeld kennen: Der Freitag wird herbeigesehnt und dann nichts wie weg; mich freut's gar nicht; heute geht mich jeder an; schon wieder diese lästige Anfrage. So entsteht leicht der Eindruck, dass Arbeit nur mehr Plage ist. Was könnte man dem entgegensetzen? Blicken wir auf unsere Volksweisheiten wie „Lachen ist die beste Medizin" oder „Humor ist, wenn man trotzdem lacht", die jeder kennt. Doch wie kann man in Zeiten von Stress, Überbelastung und Unterbesetzung den Spaß an der Arbeit nicht verlieren? Gerade am Arbeitsplatz ist es wichtig, den Sinn für Humor, den jeder hat, zu bewahren oder neu zu entdecken. Manchmal hat sich dieser Sinn nur unter der Flut von Arbeit, Verantwortung und Hektik versteckt und möchte gefunden werden!

Lachen tut uns gut

Denn wenn Menschen lachen können, fühlen sie sich auch wohl – Humor ist ein soziales Schmiermittel. Seit geraumer Zeit ist auf dem Gebiet der Gelotologie (griechisch: gelos = lachen) viel geforscht worden und die Ergebnisse sind eindeutig: Lachen ist gut für den Körper, gut für die Seele und gut für das menschliche Miteinander! Angeblich beginnen Babys bereits zwei Wochen nach der Geburt zu lächeln. Kinder lachen etwa 500-mal am Tag, Erwachsene nur noch 20-mal. Untersuchungen in Deutschland haben ergeben, dass man in den 50-er Jahren etwa 18 Minuten am Tag lachte, heute nur mehr sechs Minuten. Herzhaftes Lachen soll das Immunsystem des Organismus ankurbeln. Durch das Lachen kommt es zu einer vertieften Atmung und zu einer vermehrten Sauerstoffaufnahme in der Lunge. Diese soll während des Lachens drei- bis viermal so hoch sein wie bei einem ernsten Menschen in Ruhe. Dadurch kommt es zu einer Verbesserung der Durchblutung.

Lachen macht glücklich

Wer Lachmuskeln im Gesicht aktiviert, stimuliert einen darunterliegenden Nerv, der positive Signale ins Gehirn leitet. Im Gehirn regt Lachen das Lustzentrum – das sogenannte limbische System – an. Dort werden hormonelle Botenstoffe ausgeschüttet, die Wohlbefinden, Entspannung und geistige Anregung fördern.

Humor als Lebensstrategie

So stimmt das Sprichwort: Das Lachen, das du aussendest, kehrt 100-fach zurück. Eine humorvolle Haltung ist erlernbar, denn gerade dann, wenn wir Humor am nötigsten hätten, verlässt er uns am schnellsten – im Stress, wenn wir uns ärgern und uns gedanklich einengen. Daher soll Humor gezielt als Bewältigungsstrategie genutzt werden. Stress kann mit humorvoller Sicht als das angesehen werden, was er ist – eine schwierige Situation, die ich bewältigen kann. Die Zusammenhänge von Glück, Achtsamkeit, Empathie und Wertschätzung sind für den Humor sehr wichtig, denn glückliche Menschen sind humorvoller und humorvolle Menschen sind glücklicher! Gerade am Arbeitsplatz.

Ja, Lachen ist die beste Medizin, Humor hilft, negative Erlebnisse besser zu bewältigen, also „resilient" zu sein, was wir im Kapitel „März" schon behandelt haben.
Die „Resilienz", also die „psychische Widerstandsfähigkeit", ist in Zeiten von steigender Anforderungen und zunehmender Burn-outs gerade für Frauen sehr wichtig. Neben Humor ist auch der Sex eine Quelle um, resilienter zu werden.

DORIS KAISER

Macht uns Sex widerstandsfähig?

Wie sich unser Liebesleben auf die Gesundheit auswirkt

Laut Statistik sind Frauen anfälliger für Stress und häufiger von Depressionen betroffen als Männer. Als Expertin für weibliche Sexualität weiß ich, dass ein erfülltes Sexualleben eine der persönlichen Ressourcen darstellt, die unter anderem dazu beitragen, dass wir psychisch wie physisch gesund bleiben.

Das Thema Nummer 1

Sex ist in den Medien omnipräsent. Doch sind dadurch sexuelle Probleme weniger geworden? Nein, im Gegenteil! Wie Erotik dargestellt und wie sie erlebt wird, sind zwei verschiedene Paar Schuhe. Gerade Frauen fühlen sich dadurch oft verunsichert, überfordert oder frustriert – was wiederum ihre Resilienz schwächt!

Immer noch ein Tabu

Sexuelle Schwierigkeiten werden nach wie vor tabuisiert, obwohl wir angeblich alle so aufgeklärt und offen sind. Viele Frauen bagatellisieren ihre Probleme und versuchen, diese alleine zu lösen. Das beeinträchtigt jedoch nicht nur die Lebensqualität, sondern kann zu psychischen Erkrankungen führen sowie körperliche Beschwerden fördern oder verursachen.

Machen Sie den ersten Schritt!

Es bedarf sicher ein wenig Mut, eine Sexualberatung in Anspruch zu nehmen. Diese kann allerdings sowohl Ihre Lebensqualität wie auch Ihre psychische Widerstandsfähigkeit enorm verbessern!

Wer ist für Ihre Unzufriedenheit verantwortlich?

Die Männer, weil sie kein Gespür für Ihre Wünsche haben? Ihre Eltern mit ihrer verklemmten Erziehung? Das Schicksal, weil Sie immer an die falschen Partner geraten? Schluss damit!

Übernehmen Sie die Verantwortung für Ihre Sexualität! Eine Sexualität, die Ihnen guttut. Ihre eigene, individuelle, einmalige. Keine Frau ist wie die andere. Jede braucht etwas anderes. Was ist es bei Ihnen? Finden Sie es heraus und stehen Sie zu Ihren Wünschen und Bedürfnissen! Sexualberater begleiten Sie auf dem Weg zu Ihrer ganz persönlichen Lösung. Respekt und absolute Vertraulichkeit sind dabei selbstverständlich.

Humor und Sexualität – beide beziehen den gesamten Körper mit ein. Sichtbar ist Lachen zuerst ganz oben am Körper, im Gesicht. Und was spielt sich am unteren Ende unseres Körpers ab? Bei den Füßen? Denen schenken wir meist zu wenig Bedeutung. Aber das ändern wir hiermit:

ANDREA HÜTTHALER

Sie tragen uns durchs Leben

Spezielle Übungen verleihen unseren Füßen Beweglichkeit und Kraft

Unsere Füße – sie entsprechen rund 100 cm² Fläche – kommen jetzt im Frühling wieder aus ihrem Versteck von Socken, Strümpfen und festem Schuhwerk an die Luft. Sie können wieder mehr Bewegungsfreiheit genießen.

Sie tragen uns im Laufe unseres Lebens einmal um die Erde. Zu dieser Jahreszeit und in den kommenden Monaten freuen wir uns darauf, barfuß zu laufen, Sand und Gras unter uns zu spüren, leichte Schuhe und Sandalen tragen zu können.

Männern gefällt es, wenn Frauen in High Heels gehen. Diese hochhackigen Schuhe mit wenig Halt haben jedoch viele Nachteile: Venenprobleme, Spreizfüße, verkürzte Waden-muskeln und Probleme mit der Achillessehne. Aber wer hätte gedacht, dass hohe Hacken in mancher Hinsicht auch gesund sind? Denn sie führen zu einer richtigen Fersenbelastung, indem sie Fuß- und Beinmuskeln zwingen, die Ferse gerade zu stabilisieren.

Für mehr Körperspannung

Wussten Sie, dass die Achillessehne die stärkste Sehne unseres Körpers ist? Und doch macht sie oftmals Probleme. Natürlich bleibt auch der männliche Fuß diesbezüglich nicht ver-schont. Die Durchblutung dieser Sehne nimmt nämlich im Alter deutlich ab, und dies führt zu einer geringeren Belastbarkeit.

Daher ist es, je älter man wird, umso wichtiger, vor jeder sportlichen Betätigung Dehnungs-übungen auch für diesen Bereich zu machen, damit Muskeln und Sehnen „betriebsbereit" werden. Die Übungen gewährleisten eine bessere Durchblutung, Abfallstoffe werden schnel-ler abtransportiert.

Wir Sportwissenschafter legen auch großen Wert auf spezielle Übungen, die Wahrnehmung und Bewegung miteinander verbinden, und empfehlen ein Training auf labilen Unterlagen, das die „Fühler" unseres Körpers stimuliert. Dadurch wird die stabilisierende Muskulatur verbessert, das Gleichgewicht aktiv gesichert, und es erfolgt eine größere Stabilität in der gesamten Körperspannung.

Für mehr Elastizität

Noch ein Wort zu Schuhen: Immer noch kursiert der Irrglaube, dass Sportschuhe superweich gefedert sein müssten, um den Aufprall am Boden zu dämpfen. Aber genau das Gegenteil ist der Fall: Wissenschaftliche und klinische Untersuchungen haben gezeigt, dass eine allzu gute Stoßdämpfung Ursache für viele Sehnen- und Muskelbeschwerden sein kann. Besser sind flexible Schuhe mit dünnerer Sohle, denn auch unsere Knorpel und Gelenke vertragen ein gewisses Maß an Druck und Stoß, um geschmeidig und „gut genährt" zu sein.

Wer uns – außer den Füßen – noch durchs Leben trägt, ist die Familie. In guten wie in schlechten Zeiten ist sie uns am nächsten. Für den Großteil der Österreicher steht laut Europäischer Wertestudie 2018 die Familie ganz oben auf der Werteskala, noch vor Freunden und der Arbeit. 80 Prozent der Österreicher beurteilen den Zusammenhalt innerhalb ihrer Familie als stark beziehungsweise sehr stark. Zwei Kinder wünschen sich die Oberösterreicher, tatsächlich beträgt die durchschnittliche Kinderzahl hierzulande je Familie 1,68. Seit 2011 steigt die Geburtenrate wieder kontinuierlich an.

Eine aktuelle Studie des Institutes für Jugendkulturforschung ergab, dass sich 88 Prozent der österreichischen Jugendlichen gestresst fühlen – vom Leistungsdruck in der Schule genauso wie vom Zusammenleben in der Familie. Familien brauchen vor allem zwei Dinge: Zeit und Struktur. Es muss Zeit sein, zu spielen, gemeinsam zu essen, zu diskutieren. Es ist in jedem Alter eines Kindes wichtig, dass jemand da ist, auf den es sich verlassen kann – Erziehung endet nicht mit 14 Jahren. Vor allen Dingen ist es wichtig, dass sich die Eltern selbst erwachsen verhalten. Erst dann können sie ihren Kindern Halt vermitteln.

TAG DER FAMILIE, 15. MAI

Familien sind das Herz der Gesellschaft. Unter Familie versteht man nicht nur die Kernfamilie, bestehend aus Elternteil und Kindern, sondern auch andere Formen wie Groß- und Patchworkfamilien. Jedes Jahr findet der Internationale Tag der Familie als offizieller Gedenktag der Vereinten Nationen statt. Er soll die Bedeutung der Familien und das Bewusstsein für die Familienförderung stärken. Am 15. Mai 1994 wurde der Tag der Familie zum ersten Mal gefeiert. Das jährlich vom UN-Generalsekretär formulierte Motto hat immer einen Bezug zu aktuellen Themen und Geschehnissen. Zentrale Aspekte zum Schutz der Familie sind Frauen- und Kinderrechte, Recht auf freie Wahl des Ehepartners und Gleichberechtigung der Geschlechter und aller Familienmitglieder. Familien kommt in der modernen Gesellschaft eine wichtige Bedeutung zu, wodurch Familienförderung ein fixer Bestandteil der Regierungsprogramme ist. In den letzten Jahren haben sich nicht nur Familienformen stark geändert, sondern auch die Anforderungen: Die klassische Mutter-Vater-Kind-Konstellation wurde zunehmend durch Alleinerziehende, Patchworkfamilien, Pflege- und Adoptivfamilien und eingetragene Partner- schaften abgelöst. Familie wurde zu einem bunten Begriff für die Vielfalt des Lebens.

Auch wenn die Familie wichtigster Teil des Lebensglücks ist, so ist das Zusammenleben nicht immer leicht. Die größten Herausforderungen sind dabei vor allem Zeitmangel beziehungsweise die Vereinbarkeit von Familie und Beruf, der schulische Erfolg des Nachwuchses, die Kindererziehung und die eigene finanzielle Situation. Dass es – wie in jeder Familie – zu Konflikten kommt, ist okay – entscheidend ist der Umgang damit.

TIPP 40

CHRISTIAN HAIDER

Schöner streiten!

Wichtig ist, WIE wir streiten, nicht ob

Ich als Mittdreißiger war in den letzten Jahren zu vielen Hochzeiten eingeladen. Das ist schön. Seit Kurzem kommt es leider zu den ersten Trennungen und Scheidungen. In mei- nem Umfeld spiegelt sich die Statistik wider: Fast die Hälfte aller Ehen wird geschieden. Gefühlsmäßig und finanziell ist das für Ex-Partner und Kinder gar nicht schön.

Warum wir uns trennen

Sind wir weniger beziehungsfähig als früher? Finanziell unabhängiger? Oder liegt es daran, dass wir heute fast doppelt so alt werden? Sind wir einander nach Jahren einfach über- drüssig? Oder wenden wir unser Konsumverhalten auch auf Beziehungen an: Gibt es etwas „Besseres" woanders „günstiger"? Machen doch moderne Dating-Apps die Partnersuche so einfach wie einen Online-Buchkauf.

Einer der Hauptgründe für Trennungen ist, dass das monogame Beziehungsmodell der Ehe einen großen Wandel erfährt. Über Jahrhunderte war sie eine Wirtschaftsgemein- schaft, kaum von Romantik geprägt. Heute haben wir übersteigerte Erwartungen an eine Liebesbeziehung, Rosamunde Pilcher und Hollywood sei Dank. Heute soll es eine

Beziehung auf Augenhöhe sein. Aber von wem haben wir Beziehung vor allem gelernt? Genau, von unseren Eltern und Großeltern. Sie dienten bewusst oder unbewusst als Vorbild. Doch zu deren Zeit gab es patriarchalische Rollenbilder. In Stresssituationen – so die Wissenschaft – verringert sich unsere Güte um rund 40 Prozent und wir greifen auf alte Muster zurück. Passiert das öfters, scheint Trennung die einzig sinnvolle Lösung zu sein.

Rechtzeitig vorsorgen

Zugleich zeigt eine aktuelle internationale Studie, dass wir die guten Zeiten nützen sollten, um neues Verhalten zu erlernen. Dafür braucht es professionelle Hilfe. Doch die Hemmschwelle, diese anzunehmen, ist groß. Viele meinen, das müsse man doch alleine hinkriegen. Oder es werde schon von selbst wieder gut! Ein Irrtum, wie auch die Verniedlichung, dass alles eh nicht so schlimm sei. Ziel ist es nicht, keine Konflikte zu haben, darin sind sich alle paartherapeutischen Ansätze einig. Vielmehr müssen wir lernen, Wünsche und Erwartungen zu kommunizieren. Und wir brauchen so viel Selbstregulation, dass wir nicht gleich „zurückhauen", wenn andere uns kritisieren. Das erfordert Mut und Übung. Am besten nützen wir die guten Zeiten dafür. Wir werden davon profitieren, wie auch die nächste Generation, die von uns lernt.

Kinder lernen durch die Nachahmung der Erwachsenen in ihrem Umfeld. Daher zählt nicht so sehr, was wir sagen, sondern vielmehr, was wir unserem Nachwuchs vorleben. Diese unsere Vorbildwirkung gilt für alle Lebensbereiche, auch für die Ernährung.

TIPP 41

JUTTA DIESENREITHER

Mit gutem Beispiel voran

Die Ursache für übergewichtige Kinder liegt oft bei den Eltern

In die Ernährungsberatung kommen Eltern mit ihrem neunjährigen übergewichtigen Sohn Lukas. Die Eltern wirken sehr motiviert und schildern mir eindrücklich die Ernährungsprobleme ihres Sohnes. Schnell erkennen sie, welche Bedeutung etwa das regelmäßige Frühstück oder optimale Getränk für Lukas haben. Meine Frage, ob sie selbst denn frühstückten, verneinen beide, dafür hätten sie zu wenig Zeit. Der Vater ergänzt noch, dass er seinen Sohn ohnehin darauf hinweise, der Saft sei nicht gut für ihn. Auch für gemeinsame sportliche Freizeitaktivitäten am Wochenende sind die Eltern kaum zu begeistern. Besser wäre es, einen geeigneten Sportverein für den Sohn zu finden.

Eltern als Vorbilder

Mutter und Vater haben einen ganz natürlichen Einfluss auf das Ernährungs- und Bewegungsverhalten der Kinder. Das macht Eltern – ob sie sich dessen nun bewusst sind oder nicht – zu Vorbildern. Durch das Vorleben lernen Kinder Verhaltensweisen, Einstellungen und Gefühle – mehr noch als durch gezielte Erziehungsmaßnahmen oder wortreiche Erklärungen. Wenn wir als Eltern, über gesunde Lebensmittel oder Ernährung sprechen, haben wir bereits verloren. Schon die Wörter „gesund" und „Ernährung" lösen bei Kindern Widerstände aus. Wenn man sie fragt: „Was esst ihr besonders gern?", wählen sie fast immer das, was sie als „ungesund" zu benennen gelernt haben. „Gesund" assoziieren sie bei Lebensmitteln mit: „Schmeckt mir nicht!"

Kinder lernen am Modell

Je älter die Kinder werden, desto weniger orientieren sie sich an den Eltern, stattdessen gewinnen die Peergroups an Bedeutung. Kinder bewundern und imitieren bevorzugt kompetente, mächtige Vorbilder, insbesondere ältere Freunde. Interessieren Sie sich für dieses Netzwerk, dann können Sie dieses auch positiv nutzen!

Tipps, um ein gutes Vorbild zu sein:

- Essen Sie selbst abwechslungsreich, bewerten Sie keine Nahrungsmittel.
- Verlangen Sie von ihrem Kind nichts, was Sie nicht selbst erfüllen.
- Versuchen Sie zumindest eine gemeinsame Mahlzeit pro Tag einzunehmen.
- Beziehen Sie Kinder in die Speisenauswahl mit ein.
- Achten Sie auf eine freundliche Atmosphäre bei regelmäßigen Essenszeiten.
- Machen Sie Ernährungsmarotten der Kinder nicht zum Thema.
- Probieren ist Pflicht! Speisen mehrmals kosten.
- Lassen Sie Ihr Kind selbst entscheiden, wann es hungrig oder satt ist.

Unsere Eltern haben uns geformt, durch ihre Gene und ihre Art zu leben. Wie sie Erfolge feiern, Konflikte bewältigen, Rituale pflegen, wie und was sie essen und trinken, prägt uns. Aber hätten Sie auch geahnt, dass der Grundriss unseres/unserer Elternhauses/ Elternwohnung, in dem/in der wir aufgewachsen sind, noch immer einen Einfluss auf unser heutiges Leben hat?

HELGA GUMPLMAIER

Die Wohnung als Spiegel der Seele

Zeig mir, wie du wohnst, und ich sag dir, wer du bist

Mit der Gestaltung des eigenen Wohnraumes erzählt man viel über seine persönliche Geschichte. In der Lebens- und Sozialberatung werden Wohnungsgrundrisse manchmal als Werkzeug herangezogen. Besonders in Phasen von Veränderungen kann es hilfreich sein, einen Blick auf das Wohnumfeld zu lenken.

Die eigenen vier Wände können in der Beratung wichtige Hinweise auf Lebensbezüge, Blockaden und Fragestellungen geben. Es scheint sogar kulturübergreifende Grundbedürfnisse des Wohnens zu geben – Schutz, Geborgenheit und Selbstausdruck.

Das Elternhaus als Muster

Wenigen ist der Zusammenhang zwischen Wohnraum und psychischem Befinden bewusst. Wer immer auf gleiche Weise sein Haus betritt und die gleiche Raumanordnung wahrnimmt, prägt sich dieses Muster ein. Man findet den Weg „blind". Unser Gehirn freut sich über Vertrautes. So ist es auch auf bestimmte Strukturen unseres Elternhauses geprägt und lässt uns später in Resonanz dazu gehen. Das muss nicht immer förderlich sein. Es kann auch unsere Entwicklung behindern.

Wird die Wohnung umgestaltet, so ermöglicht dies eine Umerzählung der inneren Lebensgeschichte. Eine neue Struktur und andere Symbole dienen als Anker und Verstärker innerer Veränderungsschritte.

Wechselnde Lebensphasen

Jeder Mensch durchläuft im Leben grundlegende Übergangsphasen: Pubertät, Beruf, Familie, Pensionsübertritt und Alter. Jede Phase birgt andere Bedürfnisse und die Zeit des Übertritts bewirkt Veränderung und Verunsicherung. Der Schritt in die Pension zum Beispiel kann von widersprüchlichen Gefühlen begleitet sein: schmerzhaften und gleichzeitig freudigen. Den Wohnraum als Vehikel herzunehmen und Altes auszumisten, sich neu einzurichten und sich dabei mit den psychischen Begleiterscheinungen des Übergangs bewusst auseinanderzusetzen, kann sehr klärend sein.

Der Juni hat 30 Tage. Auf der Nordhalbkugel ist der 21. Juni der längste Tag mit der kürzesten Nacht des Jahres, die Sonnenwende (abhängig von der Himmelsmechanik) auch am 20. oder 22. Juni möglich. Gleichzeitig ist das der Sommerbeginn. Vielerorts werden die Sommersonnenwende und der Johannistag (24. Juni) mit einem Feuer gefeiert. Zum Johannistag gibt es viele Ernteregeln und Erntetraditionen. So neigt sich in der Regel um den 24. Juni die Schafskälte dem Ende zu; daher beginnt hier die Ernte vieler Feldfrüchte. Bei Rhabarber und Spargel endet sie jedoch. Hingegen bilden diese Tage eine besonders günstige Zeit für das Sammeln von Kräutern.

Unter Gärtnern spricht man vom Rosenmonat, da die Rosenblüte im Juni ihren Höhepunkt erreicht; aus diesem Grund wurde der Juni früher auch Rosenmond genannt. Der Juni enthält in den deutschsprachigen Ländern keine festen Feiertage. Von den beweglichen fallen in seltenen Fällen Christi Himmelfahrt, häufiger jedoch Pfingsten und Fronleichnam in den Juni. Benannt ist der Juni nach der römischen Göttin Juno, der Gattin des Göttervaters Jupiter, Göttin der Ehe und Beschützerin von Rom.

Mit dem Juni geht auch das Schuljahr zur Neige, da heißt es ein letztes Mal, die Kräfte zu sammeln und im Endspurt noch einmal alles zu geben. Dann weichen die Schularbeiten und Prüfungen einer wohlverdienten Ferienstimmung. Schüler und auch Eltern können – hoffentlich – durchatmen, denn für die nächsten zwei Monate sind Familien in ihrem Lebensrhythmus wieder selbstbestimmt. Vorfreude auf den Urlaub macht sich breit.

Der Juni bildet als sechster Monat somit die Jahresmitte. Das erste Halbjahr ist Vergangenheit, das zweite steht noch bevor. Jetzt ist eine gute Gelegenheit innezuhalten und darüber nachzudenken, wie es läuft. Auch die Mitte des Lebens ist eine Übergangszeit, wo viele zurückblicken und gespannt sind, was da noch kommen mag.

HELGA GUMPLMAIER

Wenn Halbzeit ist!

Lebensübergänge verlangen nach einer bewussten Pause

In der Mitte des Lebens erfahren viele Menschen eine mehr oder weniger krisenhafte Zeit. Soll der Alltagstrott so weitergehen? Das kann doch noch nicht alles gewesen sein! Was will ich wirklich in meinem Leben? Das sind Fragen, die sich viele in der Lebensmitte stellen, aber nur wenige Menschen machen sich diese Halbzeit-Schwelle bewusst.

Innehalten und reflektieren

Was geschieht in der Halbzeit beim Fußball oder in anderen Sportarten? In erster Linie heißt es einmal PAUSE machen! Innehalten! Das bedeutet sich regenerieren, sich Ruhe gönnen und Kraft tanken für die zweite Spielzeit. In zweiter Linie dient die Halbzeitpause der Reflexion. Was ist gut gelaufen, was weniger? Was sollen wir in der zweiten Hälfte beibehalten, was anders machen? Der Trainer erarbeitet mit den Spielern gemeinsam die Strategie für die weitere Spielzeit. Wie können Stärken besser eingesetzt werden? Was wird verändert? Vielleicht wird auch ein Spieler oder eine Spielerin eingetauscht, weil deren Stärke besser ins Spiel passt.

Zur Lebensmitte Bilanz ziehen

Das Bild des Sports kann durchaus als Metapher für das Leben gelten. Was im Sport selbstverständlich ist, nämlich in die Kabine zu gehen und mithilfe eines Coaches nach der Halbzeit die Strategie zu verändern, kann auch im Leben helfen. Also eventuell auftauchende Krisen zu bearbeiten, zu reduzieren oder im besten Fall von vornherein zu verhindern. Wenn die ersten Wehwehchen auftauchen, der Körper nicht mehr überall mitmacht, man also erkennt, dass wahrscheinlich die meisten Jahre schon gelebt sind, dann ist es Zeit für die „Kabine". Welche Träume lasse ich los, wo gestehe ich mir ein, dass ich manche Pläne nicht mehr umsetzen werde? Was ist mir wirklich wichtig im Leben, was gibt mir Kraft, was macht mir Freude, was gibt mir Sinn?
Die oberflächlich „Midlife-Crisis" genannte Übergangszeit in der Mitte des Lebens wird so zu einer Zeit des Umbruchs in eine von Neugier getragene zweite Halbzeit.

Psychologische Beratung begleitet wie ein Coach im Sport, hilft Antworten auf die so essenziellen Fragen zu finden. Der Blickwinkel einer neutralen Außensicht ist dienlich und führt im Sinne eines positiven Spiels in die zweite Lebenshälfte. Gemeinsam kann ein ganz persönlicher geistiger „Fitnessplan" erarbeitet werden. Die Aufgabe der Beratung ist, diesen Prozess achtsam zu begleiten.

TIPP 44

HELGA GUMPLMAIER

Goldgräber nach dem Ich

Achtsame Hilfe, um den eigenen Weg freizulegen

Raus aus der Tretmühle! Die nahende Urlaubszeit gibt vielen Menschen wieder die Möglichkeit, ihr Leben zu hinterfragen, über sich nachzudenken. Wohin will ich denn in meinem Leben, in meinem Beruf? Welche Richtung soll ich bloß einschlagen? Warum komme ich in meiner Karriere nicht vom Fleck?

Das bin ich mir wert!

In einer Welt der vielen Möglichkeiten fühlen sich immer mehr Menschen in ihren Lebens- und Berufsentscheidungen überfordert. Sich in diesen Fragen professionelle Unterstützung zu gönnen, ist kein Zeichen von Schwäche, sondern von Selbstwertschätzung. Das bin ich mir wert! So soll das Motiv bei existenziellen Problemen lauten, sich einen Coach zu gönnen.

Auf der einen Seite sind viele Menschen ohne Arbeit, auf der anderen suchen Unternehmen händeringend nach Mitarbeitern. Auch wenn die Berufswelt immer vielschichtiger wird, greifen junge Leute mehrheitlich zu traditionellen Berufen und Rollen. Einerseits steigt der Wunsch nach verbesserter Lebensbalance, andererseits der Anspruch nach ständiger Verfügbarkeit. Für Menschen in Orientierungs- und Entscheidungsphasen wie auch in beruflichen Krisen bedeutet die Menge der Möglichkeiten oft eine Überforderung. Vielfach können Chancen auch gar nicht wahrgenommen werden.

Wer sich mit seinen Bedürfnissen und Interessen bewusst auseinandersetzt, seine Stärken kennt und selbstbewusst zu vertreten weiß, bewegt sich aufrechter und sicherer in dieser komplexen – ja manchmal sogar verwirrenden – Lebens- und Berufswelt. Faktum ist, dass jeder Mensch die Antworten zu seinen Fragen in sich selbst trägt. Es fehlt oft nur der Zugang. Eine Außensicht kann helfen, diesen Zugang zu finden, die eigenen Lösungen freizulegen. Durch geschickte Fragestellung und kreative Methoden unterstützen wir dabei, Unbewusstes bewusst zu machen. So finden Sie die passenden Antworten.

Das Leben prägt

Aufgrund seiner Biografie entwickelt jeder Mensch persönliche Stärken, Kompetenzen und Ressourcen, die auf ganz einmalige Weise kombiniert sind. „Nur wer den Mut zum Träumen hat, hat auch die Kraft zum Handeln", sagte einst Erich Fried. Was wir denken können, können wir auch umsetzen. So entwickeln Sie eine mit Freude verbundene Vision und setzen diese schrittweise um.

Wer seinen Gedanken über das Leben freien Lauf lassen möchte, kann dies ja mit Radfahren verbinden. Gerade wenn man gedanklich festzustecken scheint, helfen ein Ortwechsel, Bewegung und frische Luft.

TIPP 45

MANFRED SIMONITSCH

Der Lust auf zwei Rädern freien Lauf lassen

Radfahren zählt zu den gesündesten Sportarten

Egal, ob entlang eines Flusses, rund um einen See oder durch die Innenstadt: Österreich hat so viele Angebote, die mit dem Rad erfahren werden können. Ganz nebenbei trainieren Sie dabei Ihre Fitness.

Radfahren ist eine Ausdauersportart. Wer eine Bergwertung einplant, trainiert zusätzlich noch Kraft. Dabei spielt es für die Freude an der Bewegung keine Rolle, ob Sie mit Unterstützung – also mit E-Bike – oder mit reiner Muskelkraft vorankommen. Ob Mountainbike, Rennrad oder Tourenrad – wegen der geringen Gewichtsbelastung sind sie alle gelenkschonend.

Gut für Wadeln und Po

Beim Radfahren wird rund die Hälfte der Muskeln beansprucht. Wer aktiv tritt, trainiert die Bein-, Waden- und Gesäßmuskulatur und verbessert die Ausdauer.

Draußen Rad zu fahren hat den zusätzlichen Bonus, dass man neben der körperlichen Ertüchtigung auch die Natur hautnah erlebt. Sind die Temperaturen tropisch hoch, weht einem immer ein feines Lüftchen um die Nase. Und die Landschaft zieht im genau richtigen Tempo vorbei. Radfahren ist aus gesundheitlicher Sicht für jedes Alter und für alle Leistungsstufen geeignet. Ja, die Motivation, sich auf den Drahtesel zu schwingen ist unterschiedlich, und das ist gut so. Die einen radeln aus Spaß an der Freude, die anderen wollen sportlich aktiv sein und die dritten wollen von A nach B. Oder eben alles auf einmal. Gemeinsam ist ihnen jedenfalls das Lächeln.

Radfahren als Ganzjahressport

In der kalten Jahreszeit oder wenn das Wetter nicht mitspielt, bietet sich ein Rad-Ergometer an. Dieser Hometrainer eignet sich auch für den Konditionsaufbau oder für nach einer Krankheit geschwächte Personen. Radfahren ist eine ideale Alltagsbewegung. Viele verwenden das Fahrrad für den täglichen Weg zur Schule, zur Arbeit oder für kleine Einkäufe. Dies fördert ganz nebenbei die Fitness und ist zudem ein Beitrag zum Klimaschutz.

Apropos Schule: Im Juni bäumt sich der Lernstress ein letztes Mal für dieses Schuljahr auf. Der finale Schularbeitendurchgang in den Hauptgegenständen, Tests in den Nebenfächern, Prüfungen bei Zwischennoten. Dann folgen Notenkonferenz, Abschlussfeste und schließlich die wohlverdienten Ferien. Ist schulisch nicht alles so gelaufen wie gewünscht und droht im September eine Nachprüfung, dann sollen die Ferien trotzdem genossen werden – zumindest die ersten Wochen. Denn Erholung ist dringend notwendig, vielleicht ist der negative Abschluss nicht auf Faulheit oder Dummheit, sondern schlichtweg auf Überforderung zurückzuführen. Eine kluge Ferieneinteilung ist somit gefragt und eine Portion „XHV" – lesen Sie hier, was das bedeutet.

VIKTOR KOCH

In den Ferien Energie sammeln

Lernen und Erholung gelingen mithilfe des Resonanzgesetzes

Die Zahl von „überforderten" Kindern in der Schule steigt. Viele Schülerinnen und Schüler geben an, es fast nicht mehr zu schaffen. Der Leistungsdruck ist groß und der Ausgleich dazu wird immer geringer. Sich in unserer digitalen, schnelllebigen Zeit zurechtzufinden, fällt schwer, auch Kindern und Jugendlichen. Eltern haben weniger Zeit, weil sie arbeiten müssen oder wollen. Lehrer sind zum Teil damit überfordert, jeden in seinen Talenten zu fördern. Oft passiert daher die Flucht in soziale Medien, wo es scheinbar schnell Lob und Anerkennung gibt. Dadurch geht die Lust verloren, in der realen Welt zu leben.

Doch nur wer in Resonanz mit sich und den anderen lebt, kann seine – vielleicht noch – versteckten Potenziale entdecken. Das Gesetz der Resonanz kommt aus der Physik und befasst sich mit dem (Mit-)Schwingen in einem System. Gleiches zieht Gleiches an, Gutes wie Schlechtes. Auch in der Natur – etwa bei der Grille – wie auch bei Saiteninstrumenten finden wir Resonanz, und jeder Mensch hat seine eigene Schwingung.

Gut, dass die Ferien kommen

Diese freie Zeit bietet Raum zur Erholung. Zum Auftanken aller Ressourcen. So richtig Urlaub zu machen und nur die Dinge zu tun, die einem Freude bereiten. Jedoch braucht es auch einen Plan, um alles zu integrieren. Neben Spiel, Spaß oder Zeit mit Eltern und Freunden gehört auch der Gedanke an die eigene innere Erholung dazu. Nur wer mit sich selbst zufrieden ist, kann neue Höchstleistungen erbringen. Die Natur mit viel frischer Luft kann ebenso dazu beitragen wie Bewegung und ein gesundes, köstliches Essen. Jugendliche suchen gerne den Sinn im Leben, haben viel Mut, ihrer Begeisterung und ihrem individuellen Weg zu folgen. Die Ferien sind ideal dafür.

Eltern sind Vorbilder

Wer in den Ferien nur den absoluten Genuss haben will und meint, All-inclusive-Hotelburgen plus multidigitaler Vernetzung machen glücklich, wird sich wundern. Oft wird man so gelangweilter, vielleicht depressiver, aber nicht selbstbestimmter. Eine Balance aus viel Ferienzeit neben fix geplanten Lernzeiten ist gefragt. Hier braucht es Eltern als Vorbilder mit einer großen Portion XHV (Xunder Haus Verstand).

Fertigpizza aus dem Karton, Burger vom Schachtelwirt, Würstel am Standl und im besten Fall ein geschnittener Salat aus dem Sackerl. Take away, Fast Food und Fertiggerichte sind ein Symbol unserer schnelllebigen Zeit. Wenn sie die Ausnahme bilden, dann sind diese Nothelfer auch okay. Wenn sie jedoch dreimal täglich unsere Nahrung bilden, ist Alarm angesagt. Wer sich bewusst für selbstgekochtes Essen entscheidet, zahlt einen Preis: nämlich in der Währung Zeit. Zeit fürs Nachdenken, was gekocht wird, fürs Einkaufen, fürs Kochen und Abwaschen. Wir meinen, es ist eine gute Investition, denn die Gesundheit, das Familienleben, die Wertschätzung dem Körper gegenüber und nicht zuletzt die Geldbörse werden es Ihnen danken.

TIPP 47

JUTTA DIESENREITHER

Sich Zeit nehmen fürs Kochen

Selbst zu kochen fördert gesunde Ernährung und Familiensinn

Frisches Essen und eine ausgewogene Ernährung erfordern Zeit. Zeit, die sich viele Menschen nicht mehr nehmen wollen. Immer mehr haben keine Lust, sich in die Küche zu stellen und zu kochen. Denn natürlich ist es mit dem Kochen an sich nicht getan. Zuvor muss man die Zutaten einkaufen und richtig lagern, danach muss abgewaschen und die Küche wieder aufgeräumt werden. Dennoch zahlt es sich aus, regelmäßig für sich und seine Lieben frisch zu kochen.

Nicht nebenbei essen

Es geht gar nicht darum, jeden Abend eine warme Mahlzeit zuzubereiten. Das ist insbesondere dann nicht notwendig, wenn alle Familienmitglieder mittags außer Haus, in der Schule oder in der Firmenkantine eine warme Mahlzeit zu sich nehmen. Ein frisch angerührter Kräutertopfen kann es zur Abendjause genauso sein wie ein Salat oder eine schnelle Suppe. Aber vielen ist es zu viel Arbeit, frisches Gemüse zu schneiden. Lieber greifen sie zu einem Stück Brot mit Wurst oder Käse und setzen sich damit vor den Fernseher oder wischen nebenbei am Smartphone herum. So zu essen ist schlecht, weil die Nahrungsaufnahme dabei vollkommen zur Nebensache wird. Das bewusste Wahrnehmen des Essens fällt weg. Das hat zur Folge, dass man kaum bemerkt, wann das Sättigungsgefühl eintritt. Man isst, bis der Teller leer ist, obwohl man vielleicht gar nicht mehr hungrig gewesen wäre. Das gilt übrigens auch für das Büro. Es ist sehr wichtig, bewusste Pausen zu machen und das Mittagessen nicht am Schreibtisch einzunehmen.

Gemeinsame Mahlzeiten

Wer regelmäßig selbst kocht, weiß, welche Zutaten – besonders Fett und Zucker – in den Speisen stecken. Auf der anderen Seite geht es in Familien auch um die gemeinsame Mahlzeit an sich. Studien belegen, dass regelmäßige Familienmahlzeiten Übergewicht und Essstörungen vorbeugen. Das rührt daher, dass die Kinder dann weder nebenbei essen noch den ganzen Tag vor sich hin snacken. Sie lernen, was eine richtige Portionsgröße ist. Nicht zu vernachlässigen ist auch die soziale Komponente. Wenn regelmäßig zusammen gegessen wird, wird miteinander geredet. Diese Zeit am Esstisch kann sehr wertvoll sein! Folgende Lebensmittel soll man immer daheim haben, um auch auf die Schnelle etwas Feines zaubern zu können. Grundnahrungsmittel wie Nudeln oder Reis sind immer gut und vielseitig einsetzbar. Tiefkühlgemüse ist besser als sein Ruf, besonders vom Spätherbst bis etwa April, wenn es bei uns nichts Frisches gibt. Wenn es schonend aufgetaut und verarbeitet wird, bleiben die Vitamine und Mineralstoffe am besten erhalten. Bei den übrigen Lebensmitteln kommt es auf den individuellen Geschmack an. Zum Beispiel lässt sich Couscous schnell und unkompliziert zubereiten. Auch passierte Tomaten als Basis für Pastasoßen, Kidneybohnen und Thunfisch in der Dose für Salate sowie Eier für Omeletts können immer zu Hause sein.

Ausnahmsweise Fast Food

Organisatorisch hilft es, einen Wochenspeiseplan zusammenzustellen. Das hat den Vorteil, dass man schon auf Vorrat einkauft und nicht jeden Tag in den Supermarkt rennen muss. Besonders gut ist es, wenn man die Kinder in die Planung einbindet. Jeder darf sich für einen Tag etwas wünschen – dann ist der Kaiserschmarren für den Sohn ebenso dabei wie der Gemüseauflauf für die Mama und der Fisch für den Papa. So essen auch jene Kinder mehr, die sehr wählerisch sind.

Ab und zu ist gegen Fast Food nichts einzuwenden, dreimal die Woche wäre es nicht richtig. Dazu kommt, dass Fast Food per se nicht immer ungesund sein muss. Zum Beispiel ist ein vegetarisches Kebab mit Falafel aus Hülsenfrüchten oder ein Wrap mit viel Gemüse vollkommen in Ordnung. Es muss ja nicht immer der klassische Hamburger mit Pommes und Cola sein.

TAG DES SCHLAFES, 21. JUNI

Haben Sie heute Nacht gut geschlafen? Wenn nicht, sind Sie in bester Gesellschaft: Jeder dritte Österreicher schläft schlecht, das zeigen Studien der österreichischen Schlafforschungsgesellschaft und des Instituts für Sozialmedizin an der Universität Wien.

Ob Schnarchen, langwieriges Einschlafen, mehrmaliges Erwachen oder bleierne Schwere am Morgen – geschätzte zwei Millionen Österreicher leiden unter Schlafstörungen, wobei Frauen im Durchschnitt schlechter schlafen als Männer. Grundsätzlich unterscheidet die Forschung zwischen drei Typen: Einschlafstörungen, Tiefschlafstörungen und frühes morgendliches Erwachen.

Im Schlaf erholt sich der Organismus und baut seine körperliche und psychische Leistungsfähigkeit wieder auf. Die meisten Menschen brauchen dafür sieben bis acht Stunden.

Leider ist in Zeiten ständiger Erreichbarkeit und enormen Leistungsdrucks eine unzureichende Erholungsphase keine Seltenheit. Weitere Ursachen für eine Schlafstörung können vielfältig sein: Schichtarbeit, eine ungeeignete Schlafumgebung, Ruhestörungen oder seelische Belastungen können die Qualität des Schlafes negativ beeinflussen. Um langfristig gesund zu bleiben, ist eine ungestörte Nachtruhe von größter Wichtigkeit. Zu wenig oder zu schlechtes Schlafen macht krank. Schlaf ist einer der wichtigsten und zugleich völlig unterschätzten Aspekte eines gesunden Lebens.

Laut einer US-Studie reichen bereits zwölf Tage mit jeweils nur vier Stunden Schlaf aus, um unterschwellige Entzündungsprozesse entstehen zu lassen. Ohne Schlaf hat unser Immunsystem nämlich ein echtes Problem, weil Killerzellen des Immunsystems bevorzugt nachts aufgebaut werden.

Eine aktuelle Studie aus Schweden bestätigt, dass 50-jährige Männer, die regelmäßig nur fünf Stunden schlafen, ein doppelt so hohes Risiko für einen Herzinfarkt oder eine Herzattacke hatten wie Gleichaltrige, die sieben bis acht Stunden schlafen.

Warum also nicht am 21. Juni, dem längsten Tag des Jahres, die Party einmal Party sein lassen und dafür früher zu Bett gehen?

Urlaub bedeutet für viele, dass der Wecker einen endlich nicht mehr frühmorgens aus dem Tiefschlaf reißt. Besonders Teenager drehen gerne den Tag-Nacht-Rhythmus um, abends wollen sie gar nicht ins Bett und vor Mittag nicht raus aus den Federn. So unterschiedlich die Schlaf- und Wachzeiten besonders in den Ferien sein können, so unterschiedlich sind auch die Urlaubsvorstellungen selbst. Doch wie kommt man mit den verschiedenen Erwartungen an den Urlaub zurecht?

VIKTOR KOCH

Wie kann Urlaub gelingen?

Packen Sie Reflexion, Gelassenheit und Langsamkeit in den Koffer

Das Wort Urlaub löst bei den meisten Menschen große Freude aus. Manchmal jedoch wird es auch von Gefühlen der Sorge begleitet. Aus welchem Grund?
Die Vorstellungen von einem „guten" Urlaub sind so unterschiedlich wie wir Menschen. Wir leben in einer Zeit, wo alles möglich ist. Das ist beim Thema Urlaub einerseits eine wundervolle Errungenschaft, andererseits auch eine Herausforderung. Besonders dann, wenn es darum geht, mit verschiedenen „Urlaubserwartungen" innerhalb der Partnerschaft oder Familie klarzukommen.

Erwartungen kundtun

Jeder verfügt über bestimmte Wünsche, die er sich in der schönsten Zeit des Jahres erfüllen möchte. Manche sind „Aktionstypen", die im Urlaub viel Wert auf Sport und körperliche Betätigung legen. Andere fühlen sich am wohlsten, wenn sie am Meer in der Sonne liegen und ein schönes Buch lesen. Also stellt sich die Frage nach dem Wo und Wie: In die Stadt oder aufs Land? Ans Meer oder in die Berge? Ruhe und Nichtstun oder Aktivität? Gemeinsam oder auch mal alleine? Durchgeplant oder in den Tag hineingelebt?

Einfach leichter leben

Wie sieht der perfekte Urlaub für Sie aus? Kann es so etwas wie den „perfekten Urlaub" überhaupt geben? Angesichts der Überraschungen, die das Leben und unser Umfeld tagtäglich für uns bereithält, wohl kaum. Allerdings können wir uns schrittweise einer gelungenen Urlaubszeit annähern, indem wir ein gesundes Maß an Selbstwahrnehmung, Gelassenheit und Langsamkeit in unseren Koffer packen:
Selbstwahrnehmung, um herauszufinden, was uns wirklich guttut. Dazu sollten wir die eigenen Bedürfnisse, Erwartungen, Werte und Vorstellungen kennen.
Gelassenheit, um uns im Abstimmungsprozess mit unseren Liebsten immer wieder auch augenzwinkernd von strikten Plänen und überhöhten Erwartungen lösen zu können.
Langsamkeit, um unsere Umgebung in „Echtzeit" wahrzunehmen. Ganz anders als im hektischen Alltag wollen wir Land, Leute und Natur im Hier und Jetzt bemerken.

Wie aber finde ich heraus, was für mich einen guten Urlaub ausmacht, was meine Bedürfnisse sind? Wie kann ein Stück Langsamkeit gelingen, wenn ich durch meine täglichen Anforderungen von Schnelligkeit geprägt bin? Und was tun, wenn es rund um den Urlaub zu Konflikten in Partnerschaft und Familie kommt?

Eine Grundweisheit jeder Kommunikation – nicht nur innerhalb der Familie – ist die Redewendung „Der Ton macht die Musik." Feine Unterschiede in der Wortwahl haben eine enorme Wirkung beim Gegenüber. Weiters gehört der Einsatz von Konjunktiven wie „hätte", „sollte" und „würde" im Sinne der Klarheit überdacht. Das Wort „müssen" streichen wir am besten gleich aus dem Wortschatz.

TIPP 49

FRANZ LANDERL

Sprache wirkt durch feine Nuancen

Ob man „Vorschlag" oder „Anregung" sagt, macht's aus

Ist es nur Wortklauberei oder liegt dahinter schon ein wichtiges Anliegen? Es ist verblüffend, welche Wirkung Sprache hat, wenn sie bewusst eingesetzt wird. Wie klar ist unsere Kommunikation? Sagen wir immer, was wir wirklich meinen? Aus der Kommunikationspsychologie wissen wir, dass es auf die Ver- und Entschlüsselung einer Botschaft durch den Sender und Empfänger ankommt. Trotzdem ist es wichtig, Grundprinzipien einzuhalten.

Klar formulieren

So macht es einen Unterschied, ob man bei einer Bestellung im Restaurant sagt: „Könnten Sie mir einen Cappuccino bringen" oder „Bitte bringen Sie mir einen Cappuccino". In der ersten Aussage werden Frage- und Aufforderungssatz vermischt, während im zweiten die klare Satzkonstruktion auch Klarheit ins Denken und Handeln bringt. Dieser Unterschied wird bei der Formulierung „Ich habe einen Vorschlag für dich" oder „Ich habe eine

Anregung für dich" deutlich. Der zweite Satz ist klarer und das Wort „Anregung" wirkt sanfter. Damit erreicht man den Gesprächspartner leichter als mit einem „Vor-" oder gar „Ratschlag". Inhaltlich ist das nicht so wichtig, aber in der Wahrnehmung entsteht eine stärkere Präsenz. Eine große Wertschätzung bedeutet es, das Gegenüber mit Namen anzusprechen und Blickkontakt zu erreichen. Ein weiterer Tipp ist, die Konjunktive* wegzulassen. Die Sprachwissenschaftlerin Mechthild R. von Scheurl-Defersdorf sagte in einem Vortrag: „Worte wie ‚hätte', ‚könnte' oder ‚möchte' soll man vermeiden, da sie keine Klarheit ausdrücken. ‚Ich werde' oder ‚ich will' sind viel genauer."

Achtsam mit Worten umgehen

Die Referentin erklärte, dass auch kleine Pausen beim Ansprechen wichtig seien, so fühlten sich andere Menschen mehr geachtet. Dies führe wiederum dazu, dass Fragen, die präzise und ehrlich gestellt sind, auch in der Antwort so zurückgegeben werden. „Wohlwollende Aufmerksamkeit kommt im Regelfall zurück", betonte von Scheurl-Defersdorf. Mit der Sprache heißt es achtsam umzugehen. In unserem Sprachgebrauch ziehen unbemerkt kriegerische Ausdrücke ein wie etwa „am Telefon abwürgen", „Köpfe rollen", „an der Front stehen" oder „Ich habe ein Attentat auf dich". Versuchen wir, uns dieser bewusst zu werden und sie zu vermeiden.

* Fachbegriff „Konjunktiv"

Im Gegensatz zum Indikativ („hat", „kann"), der die Darstellung von Tatsachen ausdrückt, handelt es sich beim Konjunktiv um die Möglichkeitsform des Verbs („hätte", „könnte"). Neben der Verwendung unter anderem in der indirekten Rede, wird er auch aus Gründen der Höflichkeit verwendet: „Hätten Sie etwas Zeit?", „Könnten Sie mir helfen?". Daneben kann der Konjunktiv auch Bescheidenheit ausdrücken, um zum Beispiel einen Wunsch oder einen Anspruch förmlich abzumildern: „Ich hätte gerne …", „Ich würde lieber …".

„Heute Abend sollte ich noch laufen gehen", „Diese Woche müsste ich noch zweimal ins Fitnessstudio", „Gestern wollte ich eigentlich eine Runde mit dem Rad drehen", diese Sätze beinhalten jeweils zwei Knackpunkte: Sie sind mit Konjunktiven – also mit der Möglichkeitsform – formuliert, damit werden sie sehr vage. Zweitens scheint immer der innere Schweinehund namens „Bequemlichkeit" zu siegen. Dem Autorennen, Slalom oder Fußballmatch vor Ort oder via Endgerät zuzusehen, ist okay, darf aber nicht der einzige Sport sein.
Erfolg hat drei Buchstaben: TUN (Johann Wolfgang von Goethe).

MANFRED SIMONITSCH

Echte Bewegung statt Passivsport

Ein Plädoyer für die „Bewegungs"-Wirklichkeit

„Papa, gehst Du bitte mit mir Fußball spielen?", fragt mein Sohn. Er – jetzt zwölf Jahre alt – und auch seine Zwillingsschwester stellen diese Frage immer wieder und das nun schon seit vielen Jahren. Aber in letzter Zeit hat sich meine Reaktion darauf verändert. Denn früher hieß es eindeutig und freudig: „Na klar!" Mit einem Grinser zog ich mir Dress und Fußballschuhe an, war voller Vorfreude, mich auf dem tollen Fußballrasen bewegen zu dürfen. Das ist heute anders als noch vor einem Jahr. „Aber Papa, ich meine doch, ob Du mit mir Playstation spielst. Du darfst Dir sogar aussuchen, welche Mannschaft Du sein willst." Manchmal finden wir uns dann vor dem Fernseher wieder – klar, nachdem ich mir zuvor die Fußballschuhe wieder ausgezogen habe. Eigentlich war diese Spielkonsole als Ergänzung gedacht und nicht als Ersatz für den Sport.

Bewegungsmuffel

Nur 20 Prozent aller Österreicherinnen und Österreicher machen regelmäßig Bewegung: regelmäßig heißt, mindestens zweimal pro Woche für länger als 30 Minuten. Dafür verbringen schon über 80 Prozent immer mehr Zeit vor Bildschirmen wie TV, Computer, Tablet und das in meist sitzender Position. Etwa fünf Kilo wiegt der Kopf eines erwachsenen Menschen. Neigen wir den Kopf jedoch nach vorne unten – wie beim Blick auf das Smartphone –, lastet ein Vielfaches des Gewichts auf der Halswirbelsäule: Bei einer Neigung von 15 Grad steigt das Gewicht etwa auf 13 Kilo, bei 30 Grad sind es schon 20 Kilo, die auf den sieben Halswirbeln lasten.

Der Schein des virtuellen Lebens

Gerade die wirkliche Bewegung ist für alle Sinne so wichtig – also einfach sinn-voll! Das wirkliche Leben spielt sich in der Dreidimensionalität ab. Nur damit ist gewährleistet, dass unser Gehirn entsprechend gefordert und gefördert wird. Die beste Prävention für Demenzerkrankungen im Alter, die beste Prävention für die allgemeine Gesundheit vor allem für unsere Kinder ist die Bewegung. Hinaus auf den Fußballrasen, hinaus in die Wälder, hinaus in die Natur, die gerade in Österreich von herausragender Qualität ist.

Genuss mit allen Sinnen, Ruhe und Entspannung für unser höchst gereiztes Nervensystem – das bietet nur eine wirkliche Bewegung in der Natur. Und es ist überaus wichtig, dass wir das möglichst schnell verstehen und vor allem danach handeln. Nur so können wir auch morgen noch so gesund wie heute sein und mit allen Sinnen genießen. Ein Hoch auf die Bewegung, denn bewusst bewegen heißt gesund leben.

Herausragende Qualität und Genuss mit allen Sinnen gelten nicht nur für Bewegung im Freien, sondern auch für unser nächstes Thema: dem selbst Einkochen. Erdbeermarmelade, Holunderblütensirup, Rhabarberkompott, lauter Köstlichkeiten, die selbstgemacht unvergleichlich besser schmecken als gekaufte Massenware. Darüber hinaus macht Einkochen einfach Spaß, und ein bisschen stolz darf man sich nach vollbrachter Tat schon auf die Schulter klopfen.

TIPP 51

ERIKA MITTERGEBER

Einkochen: aromatisch und gesund

Selbst Eingekochtes liegt wieder voll im Trend

Wer liebt ihn nicht, den süßen aromatischen Duft frisch eingekochter Erdbeermarmelade? Selbst Eingekochtes ist trendy und besonders Fermentiertes fördert die Gesundheit. Vorteile hat es viele, das selbst Einkochen: Die Zutaten sind vollreif geerntet und stecken voller Vitamine und Mineralstoffe. Das Aroma lässt sich je nach Kombination der Zutaten beliebig variieren. Man kann zuckersparend einkochen und auf Süßungsmittel verzichten. Industriell hergestellte Konserven enthalten oft Lebensmittelzusatzstoffe, auf die bei selbst Eingekochtem verzichtet werden kann. Und es macht Freude, etwas wohlschmeckendes Selbstgemachtes zu genießen oder als Mitbringsel zu verschenken.

Das Haltbarmachen von Lebensmitteln funktioniert im Grunde immer nach dem gleichen Prinzip. Man entzieht den Keimen, die für den Verderb verantwortlich sind, die Lebensgrundlage. Erhitzen tötet viele Keime ab. Zucker und Salz binden Wasser. Einlegen in Essig oder Öl bietet einen schlechten Nährboden für Mikroorganismen. Das milchsaure Vergären sorgt für einen niedrigen pH-Wert, sodass sich schädliche Keime nicht vermehren können. Auch das luftdichte Verschließen ist dabei wichtig, denn viele Schadkeime brauchen Sauerstoff zum Überleben.

Süßes Einkochen

Neben der klassischen zuckerreichen 1:1-Einkochmethode mit gleichem Anteil Zucker wie Früchten punkten 3:1 eingekochte Früchte mit niedrigem Zuckergehalt. Auch ganz ohne Zucker kann es gelingen. Dann ist die Marmelade allerdings nur sehr kurz haltbar. In dem Fall kocht man nur kleine Gläschen ein und stellt im Laufe des Jahres mit Tiefkühlfrüchten frische Marmelade her. Mit Ausnahme von Powidl, bei der das lange Kochen ausschlaggebend für das typische Aroma ist, sollte beim Einkochen nur so lange wie unbedingt nötig gekocht werden. So bleiben die Vitamine bestmöglich erhalten. Wer die schöne rote Farbe erhalten will, friert die abgekühlten Erdbeermarmeladegläser ein.

Kaltes Einkochen – Fermentieren mit Milchsäurebakterien

Besonders das Fermentieren, also das milchsaure Vergären, wirkt sich positiv auf unsere Gesundheit aus. Dabei wird rohes Gemüse entweder in eigener Flüssigkeit mit Salz oder in einprozentiger Salzlake eingelegt und über mehrere Wochen vergoren. Diese Konservierungsmethode macht Gemüse leichter verdaulich, es hemmt lagerbedingte Vitaminverluste und kräftigt das Darmmikrobiom. Das bekannteste fermentierte Gemüse ist vermutlich das Sauerkraut, aber im Prinzip kann jedes Gemüse fermentiert werden. Jetzt im Juni bieten sich Spargel, Radieschen, Gurken, Kohlrabi und Zucchini an.

Wie gelingt Einkochen?

1. einwandfreies Obst und Gemüse verwenden
2. keine Früchte von kranken Pflanzen verarbeiten
3. vollreife Früchte verwenden
4. Früchte sorgfältig und sauber waschen
5. auf gute Küchenhygiene achten
6. sorgfältige Lagerung, im Regelfall kühl und dunkel in nicht zu feuchter Umgebung

JULI

Exakt am 2. Juli zu Mittag ist die Hälfte des Jahres bereits vergangen (in Schaltjahren um Mitternacht). Dieser Monat ist in allen deutschsprachigen Ländern frei von Feiertagen, dennoch wird er von den Schülern herbeigesehnt, weil mit ihm die Hauptferienzeit beginnt.

Der Juli ist für Europa, Nordamerika und das nördliche Asien der wärmste Monat des Jahres. Seine Wetterqualität entscheidet über die Erntemenge und -güte.

Eine alte Bezeichnung für den Juli ist „Heumonat", weil da die erste Heumahd eingebracht wurde. Sein heutiger Name geht auf den Geburtsmonat des römischen Staatsmannes Julius Caesar zurück.

Aus der Vielzahl der „Welt- oder Aktionstage" haben wir im Juli den lebenswichtigen „Tag der Schokolade" und den „Workaholics Day" herausgegriffen. Letzterer gewann gerade besonders an Bedeutung, weil die Weltgesundheitsorganisation (WHO) im Frühjahr 2019 „Burn-out" offiziell als Krankheit anerkannt hat. Die Experten in Genf haben das Phänomen mit „chronischem Stress am Arbeitsplatz" definiert. Dabei sehen die Gesundheitsexperten drei Dimensionen der Krankheit: ein Gefühl von Erschöpfung, eine zunehmende geistige Distanz oder negative Haltung zum eigenen Job sowie verringertes berufliches Leistungsvermögen. Die WHO regt an, den Begriff ausschließlich im beruflichen Zusammenhang und nicht für Erfahrungen in anderen Lebensbereichen zu verwenden.

Möge der Urlaub im Juli allen Arbeitssüchtigen und Burn-out-Gefährdeten jene Distanz und Erholung bringen, um wieder ein ausgewogenes Verhältnis von Arbeits- und Freizeit herzustellen.

GOTTFRIED HUEMER

Dem Burn-out keine Chance geben

Wie kann man als Mitarbeiter rechtzeitig vorbeugen?

Waren es früher meist Führungskräfte, die in ein Burn-out gerieten, so sind in Betrieben heute ebenso die Mitarbeiter zunehmend gefährdet. Auch sie versuchen immer mehr bis hin zur vollkommenen Erschöpfung zu leisten. Mitarbeiter erledigen ihre Aufgaben weiterhin gut und werden den Bedürfnissen anderer gerecht, obwohl Körper und Psyche schon lange nach Hilfe schreien. Werden dann noch Kontakte mit Freunden in der Freizeit zunehmend als unangenehm und lästig erlebt, Hobbys vernachlässigt und wird die Wochenenden durchgearbeitet, dann besteht höchste Alarmstufe.

Wie kann man Symptome erkennen?

Arbeitgeber sollten aufhören zu glauben, dass nur sie schuld sind, wenn Mitarbeiter in ein Burn-out geraten. Die Erfahrung hat gezeigt, dass dies in den seltensten Fällen die alleinige Ursache ist. Vielmehr versuchen gefährdete Menschen auch in der Freizeit, es allen recht zu machen. Sie können sich schlecht abgrenzen und sind auch dann noch für jeden da, wenn die Energie schon längst verbraucht ist. Sie halten sich oft für unentbehrlich und haben teilweise auch wenig Vertrauen in andere. Das führt dazu, dass sie vieles selber machen, auch wenn andere dafür verantwortlich wären.

Führungskräfte sollten also drauf achten, dass ihre Mitarbeiter die Urlaube konsumieren, keine Arbeit mit nach Hause nehmen und Überstunden abbauen. Wenn der Vorgesetzte merkt, dass ein Mitarbeiter dazu fast gezwungen werden muss, dann sollte er sich nicht scheuen, den Betroffenen darauf anzusprechen und zu einem professionellen Coach zu schicken. So können belastende Verhaltensweisen rasch erkannt und ihre Ursachen aufgelöst werden.

Hilfreiche Evaluierung in Betrieben

Seit Jänner 2013 sind Betriebe verpflichtet, ihre Mitarbeiter nicht nur vor körperlichen Gefahren, sondern auch vor psychischen Belastungen zu schützen. Als Begleiter erlebe ich diese Evaluierung als sehr hilfreich. Denn alle Mitarbeiter haben in dem Prozess die Möglichkeit, gemeinsam Stress auslösende Verhältnisse im Betrieb anzusprechen und

Maßnahmen dagegen zu entwickeln. Bei Abschluss des Prozesses entscheiden sich viele Mitarbeiter für eine weitere Einzelbegleitung. Sie haben erkannt, dass sie selbst in großem Maße für ihr Befinden verantwortlich sind und nicht die Firma die alleinige Schuld trägt.

NATIONAL WORKAHOLICS DAY, 5. JULI

Das Wort Workaholic ist eine Wortkreation aus dem Englischen „work" für Arbeit und „alcoholic" für Alkoholiker. Es bezeichnet das Krankheitsbild eines „Arbeitssüchtigen". Wobei es eine Sucht ohne „Stoff" ist. Workaholics leben fast ausschließlich für ihre Arbeit. Sie zeigen einen zwanghaft überdurchschnittlichen Arbeitseinsatz, der immer weiter gesteigert werden muss, um – wie bei anderen Süchten – die gleiche Wirkung zu erzielen. Familie, Freunde und Freizeit werden als bedrohende Ablenkung von der Arbeit wahrgenommen.

Arbeitssucht ist zwar eine anerkannte Krankheit, wird aber leider sehr spät erkannt. Schließlich sind in unserer leistungsorientierten Welt Überstunden, dauernde Erreichbarkeit, leistungsabhängiges Gehalt und Karrierewunsch üblich. Neben dieser Arbeitswelt können als Gründe für die Arbeitssucht Flucht vor privaten Problemen, ein übermäßiger Wunsch nach Anerkennung, fehlendes Selbstbewusstsein oder Angst vorm Versagen sein. Dieser Aktionstag soll uns achtsam für Workaholics in unserer Umgebung machen.

TIPP 53

FRANZ LANDERL

Stress taugt nicht als Statussymbol

Innere Haltung lässt fordernde Situationen leichter bewältigen

Es ist modern geworden, über Stress zu reden. Mit Stress meinen wir oft alles, was mit einer gewissen Anstrengung verbunden ist: einen normalen Arbeitstag, vielleicht sogar ein Treffen mit Freunden. Manchmal muss ein Satz wie „Ich bin so im Stress" regelrecht als Statussymbol herhalten. Wollen wir damit als wichtig und unersetzlich gelten? Allein durch unbedachten Wortgebrauch laufen wir Gefahr, ein Gefühl unangenehmer Anspannung zu erzeugen und Alltagssituationen oder an sich positive Herausforderungen als Überbelastung zu erleben. Folge: Wir reden uns selbst in die Erschöpfung hinein.

Positiv bewerten

Stress entsteht, wenn die an uns gestellten Anforderungen nicht im Einklang mit unseren Möglichkeiten stehen. Wir also über- oder unterfordert sind. Entscheidend ist dabei, wie wir die Situation bewerten und die eigene Möglichkeit zur Bewältigung einschätzen. Gelingt es uns, die jeweilige Aufgabe als positive Herausforderung zu sehen, müssen schwierige Anforderungen nicht zur Stressbelastung werden.

Gesund zu leben, ist die beste Vorbeugung! Dazu einige Anregungen von Dr. Eva-Maria Glofke-Schulz, Psychologische Psychotherapeutin:

- Eine Haltung der inneren Achtsamkeit entwickeln
- Innere Instanz schaffen, die das Geschehen aus einer gewissen Distanz beobachten kann
- Eher optimistische und humorvolle Haltung zum Leben
- Ausreichend Schlaf und Zeiten für Ruhe
- Sinnstiftende Aktivitäten (Beruf, Familie, Ehrenamt etc.) und positive, erreichbare Lebensziele
- Befriedigende Freizeitaktivitäten (musisch, kreativ)
- Erfüllende Sozialkontakte
- Ehrlicher Umgang mit Konflikten
- Gesunde, ausgewogene Ernährung
- Bewegung an der frischen Luft
- Entspannungsmethoden und liebevolle Körperpflege (Zeit für warmes Bad)

Fragt man Menschen, wie sie mit Stress umgehen, erfährt man oft, dass sie vor allem hoffen, der Stress werde von selbst vergehen. Dies funktioniert auf Dauer ebenso wenig wie Verdrängung, Flucht in irreale Wunschphantasien, pausenloses Weiterwursteln, übertriebene Schonung und Selbstmitleid.

Wie gut unsere Strategien auch sein mögen, wir können nicht jeder Stresssituation entrinnen. Aber wir können immer etwas tun, um Spannungsgefühle zu reduzieren. Manchmal hilft es sogar schon, eine annehmende Haltung gegenüber belastenden Aspekten der Realität mit einem einfachen Satz zu bestätigen, etwa: „Ja, so ist es!" Es entstresst, das Unabänderliche so zu nehmen, wie es ist.

Wir alle haben zwei Leben. Das zweite beginnt in dem Moment, wo wir erkennen, dass wir nur eines haben.

ARIANE HITTHALLER

Richtig essen bei Stress

Raus aus dem Hamsterrad mit der passenden Ernährung

Gerade bei Stress meinen wir, keine Zeit für richtiges Essen zu haben. Oder wir greifen zu Junkfood. Beides ist ungünstig, weil der Körper besonders in schwierigen Zeiten regelmäßige und ausgewogene Mahlzeiten braucht. Denn Stress ist ein Nährstoffräuber.

Essen soll Spaß machen

Wer seinen Körper und Geist auch unter Druck leistungsfähig erhalten will, muss ihm Gutes tun. Neben der Aufnahme der richtigen Nährstoffe kann sich das Ernährungsverhalten auch sehr positiv auf unsere innere Mitte auswirken. Wir lernen wieder langsamer und bewusster zu essen, zu entschleunigen und zu genießen. Zusätzlich sensibilisieren wir unsere Empfindungen dahingehend, welche Nahrung uns guttut oder eben nicht. Essen soll Spaß machen, unsere Lebensfreude wecken und kann uns helfen, Körper und Seele in Balance zu bringen.

Emotionen und Gedanken sind von Stress genauso betroffen wie körperliches Befinden. Gerade auf physischer Ebene werden vielerlei Prozesse davon beeinflusst, denn ein ausgeprägtes Stressgeschehen hat immer auch Auswirkungen bis in die kleinste Körperzelle. Starker andauernder Stress greift in den Nährstoffhaushalt ein und bringt unser Stoffwechselgeschehen an die Grenzen.

Was passiert bei akutem Stress?

Zunächst wird unser Zentralnervensystem aktiviert und die Produktion von Stresshormonen angeregt. Diese Hormone helfen unseren Muskeln, mehr Energie zur Verfügung zu stellen. Die zusätzlich benötigte Energie kommt entweder aus der Nahrung oder aus körpereigenen Reserven (Fett, Eiweiß, Kohlehydrate). Somit wird klar, dass die Lebensmittelauswahl in anstrengenden Zeiten ausschlaggebend dafür sein kann, ob wir gut durchtauchen oder uns die Luft ausgeht! Deshalb ist das oberste Gebot gerade in schwierigen Zeiten, gut auf sich und seine Ernährung zu achten!

Ganzheitliche medizinische Ansätze beschreiben unsere Gesundheit mit einem Dreieck (Triad of Health). Alle drei Seiten werden betrachtet, wenn etwas nicht stimmt. Psyche,

Struktur (Bewegungsapparat, Craniosacrales System etc.) und Chemie (Ernährung, Stoffwechsel etc.) sind gleich wichtig in der Erhaltung unserer Gesundheit.

Unter langanhaltendem Stress beginnt zunächst mindestens eine Seite zu schwächeln. Deshalb müssen Stresssymptome immer von mehreren Richtungen aus betrachtet und behandelt werden!

Biochemie als wichtige dritte Seite

- Immer mehr Menschen (alt oder jung) klagen über chronische Müdigkeit, Konzentrationsschwäche und Erschöpfung.
- Seit dem Jahr 2000 hat sich die Anzahl der Berufstätigen, die an Erschöpfungszuständen leiden, verfünffacht.
- Allzu oft bleiben der individuelle Versorgungszustand und biochemische Stoffwechsel unberücksichtigt, obwohl unser Gehirn nach den Grundsätzen der Biochemie arbeitet.
- Liegen Nährstoffmängel vor, so können verschiedene Abläufe nicht mehr optimal funktionieren und wir werden immer müder.
- Sind wir körperlich erschöpft, so greifen oft auch andere therapeutische Maßnahmen (Psychotherapie, Coaching etc.) nur schlecht.
- Jeder von uns ist biochemisch gesehen einzigartig.

Es liegt an uns, herauszufinden, wie wir uns nach dem Essen bestimmter Lebensmittel fühlen. Haben wir ein gutes Gefühl des wohligen Satt-Seins und sind wir gestärkt für neue Taten, dann ist alles bestens.

Stellen sich jedoch Müdigkeit nach dem Essen oder vielleicht Bauchschmerzen oder Nervosität ein, sollten die jeweiligen Lebensmittel weggelassen werden.

Bitte beachten

Der Nährstoffbedarf ist von vielen Faktoren abhängig: Alter, Wachstum, Stoffwechsel, die Situation in unserem Darm. Ihr Stoffwechsel wird mit den Jahren etwas langsamer, aber der Stress steigt! Wenn Sie nun so weitermachen wie in Ihren Zwanzigern, kann das zu Problemen führen. Was Ihnen in der Jugend nichts ausgemacht hat, bringt Sie jetzt vielleicht an Ihre Grenzen.

Die wichtigsten Essregeln für einen gesunden Stoffwechsel

- Langsam essen
- Gut kauen (jeden Bissen mindestens zwanzig Mal)
- Zeit nehmen zum Essen und Verdauen
- Leichte bekömmliche Abendmahlzeiten, nicht zu spät
- Nichts Rohes nach 14 Uhr
- Reichlich trinken, aber nicht zur Mahlzeit
- Essenspausen zwischen den Mahlzeiten

ARIANE HITTHALLER

Konkrete Ernährungshilfe in hektischer Zeit

An wichtigen Nährstoffen darf es ruhig ein bisserl mehr sein

Stress ist ein Nährstoffräuber und der Bedarf an einzelnen Nährstoffen ändert sich, wenn wir unter Druck sind. So haben wir in anstrengenden Zeiten auch einen erhöhten Eiweißbedarf, denn Eiweiß ist das Baumaterial für Botenstoffe und Hormone, die unter Stress vermehrt ausgeschieden werden. Der erhöhte Eiweißbedarf steigert auch den Kohlenhydratbedarf. Die Nahrungsmittelauswahl kann somit die Bildung von Botenstoffen und Hormonen beeinflussen.

Gute Speisenkombinationen

- Gedünsteter Fisch mit Reis und Gemüse
- Wok-Gemüse mit Basmatireis
- Gemüseplatte mit Ei
- Salate mit Putenbrust oder Thunfisch
- Risotto
- Spinat mit Spiegelei und Kartoffel
- Letscho mit Ei und Kartoffel
- Suppen aller Art
- Currys
- Topfen-Vollkorn-Palatschinke, Topfenknödel, Kaiserschmarrn

Getränketipp für mehr Energie (2 Portionen)

0,5 l abgekochtes Wasser (heiß)

1/2 Zitrone (ausgepresst)

1 Prise Salz

1 Prise Pfeffer

1 Tl fein geschnittener Ingwer

1 El Honig

4 Gewürznelken

Dieser Drink wärmt von innen und wird am besten morgens alternativ zu Kaffee getrunken.

Wichtige Mineralstoffe bei Stress

Neben Kalzium und Eisen haben bei Stressgeschehen die beiden Mineralstoffe Magnesium und Kalium große Bedeutung. Durch die erhöhte Adrenalinproduktion unter Stress wird mehr Magnesium ausgeschieden. Dieser Magnesiummangel begünstigt ein Schwächegefühl und rasche Erschöpfung. Kalium und Magnesium erleichtern den Energietransport und die Regeneration.

Ein bestehender Mangel erfordert einen raschen Ausgleich, auch unter Berücksichtigung eventuell bestehender Begleiterkrankungen. Hohe Kalziumanteile haben Milch, Milchprodukte, Hartkäse, Grünkohl, Brokkoli, Nüsse und Mineralwasser. Eisen kommt besonders in Leber, Weizenkleie, Kürbiskernen, Hülsenfrüchten und Leinsamen vor. Magnesium findet sich reichlich in Sonnenblumenkernen, Mandeln, Walnüssen, Haferflocken und dunkler Schokolade. Viel Kalium liefern Hülsenfrüchte, Avocado, Kartoffel, Grünkohl, Spinat, Pilze, Obst, Trockenfrüchte, Kakao und Nüsse.

In schwierigen Zeiten kann man mit richtiger Ernährung und auch mit Entspannungsübungen gut auf sich achten. Oft sind es die kleinen Dinge, die Großes bewirken: ein schmackhaftes Essen, ein gesundes Gespür für unseren Körper, uns im größten Trubel Zeit zu nehmen für Menschen, die uns nahe und lieb sind, nämlich für uns.

TIPP 56

MARGIT WACHTER

Gezielt entspannen bei Stress

So bringen Sie mehr Ruhe und Wohlbefinden in Ihren Alltag

Es gibt Tage, da weiß man einfach nicht, wie man allen Anforderungen des Alltags gerecht werden soll. Stress kommt auf, man fühlt sich überfordert, hilflos, ängstlich. Es entsteht ein innerer Druck, nicht alles in den Griff zu bekommen. Das äußert sich in unseren Gefühlen, Gedanken und vor allem im Körper. Die Muskulatur verspannt sich, besonders an ihren Schwachstellen. Stress ist auch nicht selten die Ursache für Herz-Kreislauf-Erkrankungen.

Damit es gar nicht erst so weit kommt, gehören Erholung und Stressabbau in unseren Alltag integriert. Jede/Jeder hat eigene Kraftreserven und Erholungsstrategien, die guttun. Ob ein Nickerchen zwischendurch, Gartenarbeit, die morgendliche Joggingrunde oder einfach nur die Seele baumeln lassen – es gibt genug Möglichkeiten, Kraft zu tanken und zu entspannen.

Schritte zur besseren Entspannung

Beginnen Sie bei der Atmung. Machen Sie sich Ihre Atmung bewusst und lernen Sie die Aus- und Einatmung zu regulieren, das kann helfen, sich körperlich und geistig zu entspannen. Ruhiges Atmen lässt die Energie wieder strömen.

Übung „Doppelte Ausatmungslänge": Atmen Sie doppelt so lang aus wie ein. Zählen Sie beim Einatmen innerlich 1–2 und beim Ausatmen 1–2–3–4. Sie können diese Übung auch beim Gehen machen.

Finden Sie Ihre ganz persönliche Entspannungsmethode. Yoga, Qi-Gong oder eine Entspannungstechnik wie Autogenes Training oder Muskelentspannung nach Jacobson können helfen, Ihr Leben zu entschleunigen. Ruhebilder und Achtsamkeitsübungen wirken ebenso wie lange Spaziergänge oder ein gutes Buch.

Das tut gut

Folgende Empfehlungen eignen sich für jeden und sind leicht zu erlernen:

Übung Beckenschaukel: mobilisiert die Lendenwirbelsäule und aktiviert die Bauchmuskulatur. Setzen Sie sich aufrecht vorne auf den Sessel, stellen Sie die Füße gerade auf den Boden. Legen Sie zur besseren Wahrnehmung eine Hand hinten auf die Lendenwirbelsäule und die andere vorne auf den Bauch. Nun „rollen" Sie Ihr Becken einmal vor und zurück, indem Sie die Bauchmuskeln anspannen (Bauchnabel nach innen ziehen) und wieder lockerlassen. 12- bis 15-mal wiederholen bei gleichmäßiger Aus- und Einatmung.

Übung Dehnung der seitlichen Nackenmuskulatur: gegen Verspannungen im Nacken, kann im Sitzen und Stehen ausgeführt werden. Seien Sie bei Übungen im Bereich der Halswirbelsäule besonders vorsichtig und dehnen Sie nicht in den Schmerz hinein. Aufrechte Haltung, neigen Sie den Kopf vorsichtig nach rechts. Legen Sie Ihre rechte Hand auf die linke Kopfseite. Verstärken können Sie die Dehnung, indem Sie mit dem gestreckten linken Arm (Handfläche zeigt nach vorne) Richtung Boden ziehen, mindestens 30 Sekunden lang und mehrmals auf beiden Seiten.

Progressive Muskelentspannung nach Jacobson ist eine Entspannungsmethode, bei der verschiedene Muskelgruppen nacheinander intensiv angespannt und dann sofort wieder entspannt werden. Durch die vorherige Anspannung ist die nachfolgende

Entspannung vertieft. Der genaue Ablauf ist unter Anleitung sehr einfach zu erlernen und dann auch leicht selbst anzuwenden. Sie eignet sich besonders für jene Menschen, die anderen Entspannungsmethoden nicht viel abgewinnen können.

Sport und Bewegung wirken gegen Stress und Depressionen, die Lebensfreude nimmt zu, es kommt zu einer Vitalisierung. Ein regelmäßiges Ausdauertraining und leichtes Kraft-training machen glücklich und gelassen. Aber Vorsicht: Ein zu intensives und straffes Bewegungsprogramm kann neben den Anforderungen des Berufs- und Privatlebens auch zur Stressfalle werden!
Die Verantwortung für Ihre persönliche Stresssituation liegt in Ihrer Hand: Gehen Sie einfach einmal langsam, wenn Sie es eilig haben! Je besser Sie lernen, sich zu entspannen, auch einmal Nein zu sagen und sich abzugrenzen, desto weniger kommen Sie in Anforde-rungsbereiche, die Sie nicht erfüllen können. Dosierte Bewegungs-, Atem- und Entspan-nungsübungen und ein „inneres Lächeln" verbessern Ihre Befindlichkeit.

Kennen Sie diese Tage, an denen sich eine Erledigung an die nächste reiht, ein Termin den nächsten jagt, man tut und macht und nie fertig zu werden scheint? Dabei geht einem schon mal die Luft aus, man ist erschöpft, am Limit. Wie wäre es, an einem solchen Tag einige Dinge von der „To-do-Liste" auf die „Was-solls-Liste" rüberzuschieben?

TIPP 57

ESTHER LEHERMAYR

Kurze Auszeiten im Alltag sind wie Urlaub

Den kleinen Dingen und mir selbst mehr Aufmerksamkeit schenken

Im Urlaub gelingt es uns leichter, einfach „abzuhängen", den Wolken hinterher zu schau-en oder uneingeschränkt dem Wellenrauschen zu lauschen. Untätige Zeit! Einfach nur sein! Ohne Auftrag, ohne Zweck! Mal ehrlich, wann haben Sie dieses Gefühl von Weite und Ruhe das letzte Mal in sich gespürt?

Viele Menschen können kaum glauben, dass so etwas erlaubt ist, ohne es sich vorher verdient zu haben. Wie kann es gelingen, diese besondere Qualität des Gewahrseins im Alltag zu entwickeln? Sich selbst Aufmerksamkeit zu schenken, heißt nicht unbedingt, stundenlang auf einem Meditationskissen zu sitzen. Es bedeutet, sich im Hier und Jetzt wahrzunehmen und die Realität anzunehmen, ohne sie zu bewerten.

Momente der Ruhe

Planen Sie auch im Alltag Momente für Ruhe und Rückzugszeiten ein. Mit einfachen Atem- und Körperübungen lässt sich das Bewusstsein in den Moment bringen. Mag sein, dass Ihre Umgebung das befremdlich findet. Ihre Familie und Freunde werden aber erkennen, dass Sie im Laufe der Zeit auf Unangenehmes gelassener reagieren.

Mit mir in Kontakt sein

Den eigenen Atem wahrnehmen und den Boden unter den Füßen spüren, so lautet ganz simpel die Basis für Präsenz. Damit kann es gelingen, Vorwürfen neutraler und unaufgeregter zu begegnen. Kontakt aufzunehmen mit den eigenen und eigentlichen Bedürfnissen. Was würde mir JETZT guttun? Was ist für mich JETZT wichtig und stimmig? Es braucht Zeit, um diese Fragen wirken zu lassen! Schritt für Schritt bringen Sie so wieder mehr Freude und Lebendigkeit in Ihr Leben.

Was-solls-Liste anlegen

Geistesgegenwärtig zu sein, meint, sich der Gedanken bewusst zu sein – hängen Sie in der Vergangenheit oder grübeln Sie über die Zukunft? Diese Art von Aufmerksamkeit ist ein ständiger Prozess, der mal gelingt und dann wieder nicht. Es lohnt sich, diese Form von Selbstfürsorge zu entwickeln. Begegnen Sie den inneren Antreibern mit Milde und Akzeptanz. Setzen Sie einiges von der To-do-Liste auf die Was-solls-Liste! Der erste Schritt ist, wahrzunehmen, was jetzt in mir abgeht. Zweitens: durchatmen, Abstand gewinnen, innehalten. Im dritten Schritt entscheiden: Mache ich weiter wie bisher oder werde ich gelassener?

Egal, in welcher Lebenssituation Sie sich derzeit befinden, begegnen Sie dieser mit mehr Selbstfürsorge! Vielleicht entdecken Sie so wieder die kleinen Dinge des Alltags: das Vogelgezwitscher, den freundlichen Gruß des Nachbarn, den duftenden Cappuccino.

Endlich ist er da, der heiß ersehnte Urlaub. Was kann man im Vorfeld unternehmen, damit diese wertvolle Zeit auch zur gelungenen wird?

ANDREAS URICH

Wie gelingt stressfreier, erholsamer Urlaub?

Vorher Bedürfnisse abklären und nachher langsam angehen

Endlich Urlaub! – Doch vor der arbeitsfreien Zeit gilt es noch allerhand zu erledigen, schließlich ist man ja unabkömmlich. Die Tage kurz vor dem Urlaub können auch Stress erzeugen, daher macht es Sinn, langsam in die Ferientage zu gleiten und sich ein bis zwei Vorurlaubstage zu gönnen. Ankommen, Urlaubsorganisationen erledigen, sich auf den Urlaub einstellen und einstimmen lautet hier die Devise.

Schreibtisch aufräumen

Körperliche und psychische Anspannung lassen sich nicht auf Knopfdruck lösen. Distanz und Abstand sind wichtig. Hilfreich können folgende Tipps sein: bewusstes Abschließen der Arbeit, bewusstes Aufräumen des Arbeitsplatzes, Liste mit unerledigten Dingen und ungelösten Problemen anfertigen, welche dann nach dem Urlaub wieder mit vollem Elan angegangen werden. Durch eine ausreichende Distanzierungsphase werden keine wertvollen Urlaubstage vergeudet.

Bedürfnisse abklären

Für einen erholsamen Urlaub ist auch eine gute Vorbereitung nötig. Es ist wichtig, die eigenen Bedürfnisse durch eine Innenschau zu erkennen und diese ernst zu nehmen: Winter- oder Sommerurlaub, Faulenzen oder Aktivurlaub, organisiert oder völlig frei. Wichtig ist, was guttut, entfernen Sie sich vom Leistungsprinzip.

Klären Sie die jeweiligen Erwartungen und Bedürfnisse mit der Familie ab, da diese unterschiedlich sein können. Nur wenn darüber gesprochen wird, was jeder im Urlaub braucht und wünscht, können kreative Ideen für die gemeinsame Zeit entstehen und möglichst viele Wünsche unter einen Hut gebracht werden. Erst dann empfiehlt es sich Urlaubsort und -form auszuwählen.

Entfernen Sie sich auch von vorgefertigten Urlaubsklischees und senken Sie Ihre Erwartungen an einen perfekten Urlaub, dann stellt sich eine Leichtigkeit gegenüber negativen Aspekten wie Staus, unfreundliches Personal oder schlechtes Wetter ein. Auch ungelöste Konflikte sind nicht plötzlich weg, nur weil Urlaubszeit ist.

Umstellung braucht Zeit

Halten Sie nach Möglichkeit alles, was nach Arbeit aussieht oder Sie daran erinnert, fern. Nicht immer ist dies möglich und ein Herunterfahren von 120 Prozent auf null stresst dann mehr als begrenzte Arbeitszeiten beziehungsweise Erreichbarkeiten. Sprechen Sie diese allerdings mit Ihrer Familie ab, denn Unklarheiten bilden nämlich die häufigsten Konfliktpotenziale. Beenden Sie Ihren Urlaub auch nicht abrupt, sondern „wärmen" Sie sich für den Arbeitsbeginn auf: Gönnen Sie sich ein bis zwei Urlaubstage zu Hause. So fällt es Körper und Geist leichter, sich wieder umzustellen. Freudige Spannung und Lust auf die anstehenden Tätigkeiten sind Anzeichen für eine gute Erholung. Lassen Sie den Urlaub auch nachwirken: Betrachten Sie nach ein bis zwei Wochen die Urlaubsfotos, setzen Sie Ihre Urlaubsgewohnheiten wie lesen, Sport betreiben fort.

Der viel strapazierte Begriff der Work-Life-Balance ist etwas unglücklich gewählt, denn auch während der Arbeitszeit lebt man. Manche leben nur für die Arbeit, andere dienen quasi leblos ihre Dienstzeit herunter. Beides wird auf die Dauer nicht glücklich machen. Doch was gilt es zu tun, wenn man ein innerlich Getriebener ist, man einem Verhaltensmuster folgt, dem man nicht entkommt?

TIPP 59

CHRISTIAN HAIDER

Gemma, gemma – nur nicht pausieren

Was kann man tun, wenn Entspannung einfach nicht gelingen will?

Es ist ein Irrtum, dass Erholung von alleine kommt. Entspannung tritt nicht zwingend sofort ein, wenn es einmal ruhiger ist oder endlich der ersehnte Urlaub beginnt.
Oft bemerken wir gar nicht, dass Anspannung und Entspannung bei uns nicht mehr ausgewogen sind. Zugleich fällt es uns im Tun-Modus schwer, Ruhe auszuhalten. Wir werden von To-do-Listen „verführt", noch schnell dieses oder jenes zu erledigen.

Vorsicht vor Selbstausbeutung

Gründe dafür gibt es viele: Leistungsgesellschaft, ständige Erreichbarkeit oder mobiler Arbeitsplatz. In Japan kennt man ein eigenes Wort für den Tod durch Überarbeitung: „Karōshi". Der deutsch-koreanische Philosoph Byung Chul Han beschreibt, wie sich der Mensch immer mehr selbst ausbeutet. Und weil wir es selbst sind – und nicht ein gemeiner Chef – ist es schwierig, dagegen anzukämpfen. Wir sind Täter und Opfer zugleich.

Pausenlos im Einsatz

Handlungsmuster und innere Haltungen, die wir von unserer Herkunftsfamilie übernommen haben, hindern uns, Balance zu halten. Im Gespräch stieß ein Klient neulich auf den Ausdruck seiner Mutter „Gemma, gemma". Damit brachte diese zum Ausdruck, immer vollen Einsatz zu bringen, Pausen waren nicht gern gesehen. Dieses Muster wurde unbewusst zu seinem Leitsatz, bis schließlich sein Körper Alarmsignale sendete und streikte. Sein Herz schmerzte, sein Blutdruck war stark überhöht und Erschöpfung setzte ihn schließlich für Wochen außer Gefecht.

Hinweise ernst nehmen

Die gute Nachricht: Unser Körper ist imstande, Ausnahmesituationen wie Hausbauen, Studium neben Beruf, kleine Kinder, Krisen und Schicksale gut zu meistern. Manchmal schmeichelt es dem Ego auch, was alles möglich ist. Schmerzhaft wird es, plötzlich nicht mehr zu funktionieren. Dies kann sich durch Dauermüdigkeit, Erschöpfung, Gereiztheit und schwindende Konzentration zeigen. Später beginnt dann die Umdeutung von Werten und wir sagen uns: „Ich tu das doch gern." Dabei werden eigene Bedürfnisse mehr und mehr unterdrückt. Hinweise und Besorgnis aus dem Umfeld werden als Kritik verstanden.

Sich besser spüren

Nun heißt es, Signale des eigenen Körpers wahrzunehmen und sie zu verstehen. So können Bewegungsformen wie Yoga, die nicht dem Leistungsprinzip folgen, eine gute Ergänzung zu Coaching oder Therapie sein. Und wie immer gilt auch hier, dass Krisen eine Chance sein können: Etwa einen unterschwellig bestehenden Konflikt endlich zu lösen und wieder zu mehr Lebensqualität zu finden.

Bei einem kleinen Durchhänger spendet sie uns unmittelbar Energie. Sie ist Seelentröster, Lustbringer, Übergewichtsverantwortliche, Belohnung und einfach himmlisch: Schokolade. Gründe genug, um ihr einen Tag im Kalenderjahr zu widmen.

TAG DER SCHOKOLADE, 7. JULI

Die Mayas bauten bereits zwischen 250 v. Chr. und 900 n. Chr. Kakaoplantagen an. Die ersten Kakaobohnen brachte Christoph Kolumbus aus Amerika nach Europa, ohne dass man zu dieser Zeit etwas damit anfangen konnte. Die Schokolade war unverarbeitet ungenießbar, weil viel zu bitter. Erst nach der Zugabe von Honig und Rohrzucker wurde daraus ein Getränk mit wachsender Beliebtheit. Erst im 18./19. Jahrhundert wurden größere Mengen von Kakaobohnen gehandelt. Da Kakao, Honig und Rohrzucker teuer waren, konnten sich Schokolade zunächst nur Wohlhabende leisten.

Heute beträgt der jährliche Pro-Kopf-Verbrauch in Österreich zwischen acht und neun Kilogramm, übrigens führt Deutschland das Ranking mit rund zwölf Kilogramm an. Wenn es um den Schokokonsum geht, spielen wir Europäer im internationalen Vergleich also ganz vorne mit. Bitterschokolade fördert die Gesundheit: Kakao enthält Flavonoide*, die als gesund gelten. Bitterschokolade fördert die Produktion von Antioxidantien*, was dem Herz-Kreislauf-System zugute kommen kann. Die Lagerung im Kühlschrank ist nicht empfohlen, da sonst der Zucker auskristallisiert – besser wäre eine Temperatur zwischen 12 und 20 Grad. Der weißliche Rand auf einer frisch geöffneten Tafel Schokolade ist gesundheitlich unbedenklich. Dieser „Fettreif" kann verzehrt werden und entsteht, wenn flüssiges Fett aus dem Inneren der Schokolade an die Oberfläche wandert und dort kristallisiert. Für ihr perfektes Gedeihen mag die Kakaobohne regenreiche und warme Regionen. Mittelamerika ist als Anbaugebiet rückläufig, eine Drittel der Weltproduktion kommt aus der westafrikanischen Elfenbeinküste, gefolgt von Ghana und Indonesien.

* Fachbegriff „Flavonoid", ein Antioxidantium

Wie so vieles im Leben macht die Dosis das Gift. Freie Radikale im Körper sind hochreaktive Sauerstoffverbindungen. Ihr übermäßiges Vorkommen erzeugt Zellschäden, ist mitverantwortlich für das Altern und manche Krankheiten. Geringe Mengen davon sind aber für Stressabwehr, Gesundheit und Lebenserwartung notwendig, um das körpereigene Abwehrsystem quasi wach zu halten, das wiederum vor den schädlichen Folgen von zu vielen freien Radikalen schützt. Ein Kreislauf. Antioxidantien fangen diese freien Radikale ein. Antioxidantien werden vom Körper produziert und können auch mit der Nahrung aufgenommen werden. Als sekundäre Pflanzenstoffe kommen Antioxidantien wie Flavonoide in zahlreichen Gemüse- und Obstarten, Kräutern, Früchten, Samen sowie daraus hergestellten Lebensmitteln vor.

Jetzt muss sofort eine Tafel angebrochen werden …

EVA FAUMA

Schokolade ist reine Medizin, was sonst?

Welche Nebenwirkungen der Seelentröster Nummer 1 hat

Kaum ein Lebensmittel weckt dermaßen großes Interesse beim Konsumenten wie die Schokolade. Allein der Gedanke an die schmelzende Struktur im Mund versetzt über den Globus verteilt die Menschen in ein wohlig warmes Glücksgefühl.

Darüber hinaus soll sie auch noch gesund sein, die Süßigkeit. Wobei mit „süß" ist es so eine Sache: Die Kakaobohne schmeckt ja alles andere als süß. Bitter und mit einer hohen Dichte an Gerbstoffen muss die Bohne erst fermentiert und dann in aufwendigen Prozessen zu dem Produkt aller Sehnsüchte verwandelt werden. Zucker und Fett machen Schokolade erst genießbar, aber gleichzeitig zu einer Kalorienbombe. Also ist sie umso gesünder, je höher der Kakaoanteil (60 bis 70 Prozent) ist und je weniger Zucker und Fett sie enthält. Weiße und Milchschokolade sollte man demnach meiden.

Einmal täglich

Zurück zur Bohne – was macht nun die Schokolade so einzigartig? Natürlich sind folgende Argumente schlagend für alle jene, die sich für die gesunde Ernährung interessieren: Die enthaltenen Vitamine, Antioxidantien (siehe oben) und Spurenelemente schützen das Nervensystem, senken den Blutdruck und damit das Risiko für einen Schlaganfall. Allein diese wissenschaftlich anerkannten Tatsachen zwingen einem ja fast schon ein tägliches Stück auf. Schokolade enthält Stoffe, die anregend wie Koffein und stimmungsaufhellend wirken. Auch der Cannabispflanze ähnliche Substanzen beinhaltet Schokolade, doch müssten riesige Mengen davon gegessen werden, damit ein Effekt messbar wäre. Die WHO geht davon aus, dass 2030 rund 23 Millionen Menschen an Erkrankungen von Herz und Gefäßen versterben werden. Flavonoide (siehe oben), die unter anderem in Schokolade enthalten sind, zeigen einen positiven Effekt auf Herz-Kreislauf-Störungen. Eine Studie bestätigt, dass höherer Kakaokonsum diese bis zu einem Drittel reduzieren kann.

Regelmäßig Schokolade zu essen, verringert somit die Wahrscheinlichkeit eines Herzinfarktes und wirkt auf die Gefäßwände entzündungshemmend.

Schokolade ist besser als ihr Ruf

Und für alle Zweifler gibt es wissenschaftliche Erkenntnisse, die besagen, dass zudem eine blutzuckersenkende Wirkung vom Kakao ausgeht und somit ein positiver Effekt bei regelmäßigem Konsum besteht.

Zudem interessant ist der hohe Gehalt an Antioxidantien, besonders in dunkler und milchfreier Schokolade, welcher à la longue darauf hinweisen könnte, dass das jeweilige Lebensmittel krebshemmend wirkt. Ein Grund mehr, täglich seine „Medizin" einzunehmen. Vorsicht jedoch: Wenn Kakao oder Schokolade mit Milch oder als Vollmilchschokolade aufgenommen wird, führt dies zu einer geringeren Wirkung der Antioxidantien.

Schokolade enthält zudem große Mengen an Kalium und Magnesium. Der Fettanteil – das eigentlich Teure an dem Produkt ist die Kakaobutter – wird gerne in der Produktion gegen preisgünstigen Fettersatz aus anderen Pflanzen ausgetauscht. Kakaobutter jedoch macht die Schokolade erst so richtig fein im Abgang.

Ernährungsphysiologisch gesehen können Kakao und Schokoladeprodukte als Genussmittel mit reichen gesundheitsfördernden Inhaltsstoffen angesehen werden.

AUGUST

Der August wurde nach dem römischen Kaiser Augustus (8 v. Chr.) benannt, da er in diesem Monat sein erstes Konsulat angetreten hat.

Heute ist der August vor allem mit Ferien und Urlaub verbunden. Die Büros scheinen leergefegt, schließlich ist es der einzige Monat, der komplett schulfrei ist. Damit begründet sich auch die hohe Reisefreudigkeit in dieser Zeit besonders bei Familien mit schulpflichtigen Kindern.

Urlaub und Reisen sind für die Österreicher wichtig, ja sogar ein Grundbedürfnis geworden, wie die Statistik Austria erhoben hat. In den letzten 50 Jahren hat sich der Anteil jener, die eine Haupturlaubsreise (mindestens 4 Nächte) machen, auf 60 Prozent verdoppelt – mit Kurztrips sind es sogar 70 Prozent. Im letzten halben Jahrhundert hat sich die jährliche Anzahl der Reisen auf zehn Millionen vervierfacht. Übrigens rund doppelt so viele ins Ausland wie im Inland. Die Reisetätigkeit der über 50-Jährigen, der Golden Agers, hat am stärksten zugenommen. Insgesamt ist bei den Österreichern der Trend festzustellen, kürzer, dafür öfter auf Reisen zu gehen.

Warum wird das hier so ausführlich beschrieben? Weil Urlaub einfach die schönste Zeit des Jahres ist. Oder doch nicht? Leider ist im Urlaub nicht immer alles eitel Wonne. Er kann auch konfliktträchtig sein, wenn die unterschiedlichen Bedürfnisse der Mitreisenden unberücksichtigt bleiben und faule Kompromisse eingegangen werden, auch da es wenig Rückzugs- oder Fluchtmöglichkeiten gibt. Hoffen viele Paare auf die heilsame Wirkung gemeinsamer Ferientage, geht der Schuss oft nach hinten los. In den USA sind August und März jene Monate, in denen die meisten Scheidungsanträge eingereicht werden. Also einfach die Erwartungen an den Urlaub nicht so hochschrauben wie die Hitze und die Anzahl der Wespen.

Nach dem Urlaub stapeln sich nicht nur die E-Mails im Büro, auch die Gedanken über die Beziehung schichten sich übereinander. Waren das wirklich die schönsten Tage im Jahr? Urlaubsstimmung wollte ebenso wenig aufkommen wie körperliche Nähe, das aufreibende Gezanke wurde noch schlimmer, ständige Kritik vertrieb wertschätzenden Umgang miteinander. Und seine Augen folgten jedem Rockkittel …

TIPP 61

CHRISTIAN HAIDER

Bleiben oder gehen?

Die schwierigste Beziehungsfrage taucht oft im Urlaub auf

Viele Paare entschließen sich während der Sommermonate, in eine gemeinsame Zukunft zu gehen. Aber auch Trennungen haben in der Urlaubszeit Konjunktur.

Im Urlaub kommt oft die Frage „Bleiben oder gehen?" ans Licht, weil sie sich – anders als im Alltag – hier kaum wegschieben lässt. Eine Frage, die nagend, ängstigend und zermürbend sein kann. Wie weiß man, ob es der richtige Mensch ist und ob es gut weitergehen wird? „Bleiben oder gehen?" ist wohl die schwierigste und folgenreichste Frage, die im Beziehungsleben auftaucht. Es gibt keine objektive Antwort darauf.

Wir haben die Wahl

Der englische Philosoph Alain de Botton hat folgende Antwort: Wenn Sie sich ganz, ganz sicher sein können, dass all Ihr Unglück, Leid und Ihre Unzufriedenheit mit dem Partner zusammenhängen, dann: Gehen Sie! Wenn Sie darin aber ein kleiner Zweifel beschleicht, dann: Bleiben Sie! Damit plädiert er für mehr Pragmatismus in der Liebe. Dennoch ist es ein großes Privileg, in einer Zeit und Gesellschaft zu leben, wo es möglich ist, sich zu trennen. Dann etwa, wenn es ständig zu Demütigungen, Gewalt oder Grenzüberschreitungen kommt. Staat und Kirche haben ihren Einfluss auf die Ehe weitgehend verloren. Heute ist ein Leben als Single oder alleinerziehender Elternteil möglich.

Partner ist der beste Therapeut

Zugleich haben wir das romantische Bild in uns, eine Beziehung müsse glücklich machen und im Idealfall dauerhaft von Liebe und Leidenschaft begleitet sein. Ist das nicht der Fall, wird die Partnerschaft in Frage gestellt. Doch wer eine dauerhafte Beziehung will, muss mit dauerhaften Problemen leben lernen. Entscheidend ist nicht die Lösung des Konfliktes, sondern der Umgang mit ihm und miteinander. Bestmöglich sollen dabei zwei Menschen so in Verbindung kommen, dass aufrichtige Kommunikation und Verständnis füreinander entstehen. Darüber hinaus müssen wir uns klarmachen, dass der von uns gewählte Partner etwas mit uns selbst zu tun hat. Er ist schon der beste Therapeut, weil er uns zwingt, uns mit uns selbst auseinanderzusetzen. Eine Beziehungskrise ist auch eine Chance, Neues zu lernen und sich zu entwickeln. Nimmt man den vermeintlich kürzeren Weg und beendet die Beziehung, um dem Konflikt womöglich aus dem Weg zu gehen, ist es sehr wahrscheinlich, in der nächsten Beziehung wieder an einem ähnlichen Punkt zu landen.

Und wie bei vielen Dingen – vom Hausbau bis zur Blinddarm-OP – kann professionelle Hilfe hier weiterhelfen. Es ist in so vielen Bereichen üblich, sich Unterstützung zu holen. Warum nicht auch bei diesem Thema? Auch Berater haben kein Patentrezept für leichteres Loslassen, aber Anregungen und Wegweiser auf diesem steinigen Weg. Ein indianisches Sprichwort sagt: „Wenn du auf einem toten Pferd sitzt, steig ab." Manchmal braucht man auch beim Absteigen jemanden, der einem die Steigbügel hält.

TIPP 62

KLAUDIA LUX

Ein Reiseführer durchs tiefste aller Täler

Beratung bei Scheidung oder Trennung hilft, es auszuhalten

Nach Beendigung einer Beziehung ist man wie neugeboren. Das fällt einem allerdings nicht sofort auf. Doch die Parallelen von Trennung und Geburt sind nicht zu übersehen.

Es ist schmerzhaft, oft laut, man verurteilt mittendrin die ganze Welt und Frieden kehrt erst ein, wenn aus eins zwei geworden ist. Und mindestens einer davon muss lernen, auf eigenen Beinen zu stehen.

Am Weg aus einer Beziehung durchlaufen Menschen verschiedene Trennungsphasen: Verleugnung, Emotion, Resignation und irgendwann: Akzeptanz, und dann folgt der neue Lebensabschnitt.

Auseinandergelebt

Hannes zog kurz vor Weihnachten aus. Ulli und er waren nicht verheiratet, aber schon ewig ein Paar. Trennungsgrund? Kein besonderer. Es passte einfach schon lange nicht mehr, man hatte sich auseinandergelebt. Als er sich wegen seines ungewaschenen Lieblingshemds beschwert und sie ihn angepfaucht hatte, er könne ja ausziehen und selber waschen, tat er es einfach.

Die ersten Wochen danach waren für Ulli die schlimmsten ihres Lebens. Vergebens wartete sie, dass er wieder dastand, so wie ihr das alle Freunde prophezeit hatten: „Der kommt schon wieder, der kann doch nicht einfach abhauen!" Doch, er konnte.

Rebellion

Zurückgezogene Heulphasen wechselten mit Flucht nach vorn in ehemalige In-Lokale mit zu kurzem Rock und zu viel Alkohol. Sie rebellierte und bestrafte sich und die Welt mit einer Kurzhaarfrisur. Als ihr klar wurde, dass sie nicht einmal vor Hypnose-Hörbüchern übers Loslassen und ebenso schwachsinnigen Ratgebern der Sorte „So gewinnen Sie Ihren Ex zurück!" zurückgeschreckt war, hatte sie endgültig genug. Sie musste und wollte einen Schlussstrich ziehen und suchte Beratung.

Gestärkt aus der Krise kommen

Zwei Monate später sitzt eine andere Ulli hier. Das Schlimmste ist überstanden. Die Haare sind wieder etwas nachgewachsen. Tränenausbrüche kommen nur mehr sporadisch vor und die Momente, in denen sie nicht an Hannes denkt, werden länger und häufiger. Eine neue Beziehung wird immer noch kategorisch ausgeschlossen, aber mit zunehmend nachlassender Heftigkeit.

Nach einer überstandenen Trennung ist Zeit für Dinge, die man schon immer tun wollte. Jetzt könnte man sich einen kleinen Lebenstraum erfüllen. Bisher hat uns irgendwas oder jemand davon abgehalten: Vielleicht Gedichte schreiben, eine Pilgerreise machen, einen Kräutergarten anlegen oder öfters tanzen gehen. Warum tut Tanzen nicht nur dem Körper, sondern auch Geist und Seele so gut?

TIPP 63

MANFRED SIMONITSCH

Tanzen: Rhythmus des Lebens

Sanfter Sport für Körper, Geist und Seele

Tanzen ist Lebensfreude und Spaß an der Bewegung. Wer tanzt, gönnt sich eine Auszeit vom Alltag und sorgt für seine Gesundheit vor.

Verbesserte Motorik und Koordination, Training für Reaktionsfähigkeit, Gleichgewichtssinn und das Gedächtnis – die positiven Auswirkungen auf die Gesundheit sind enorm. Dennoch wird das Tanzen als eine der gesündesten Bewegungsarten von vielen Menschen noch unterschätzt.

Was macht Tanzen mit dem Körper?

Beim Tanzen werden Motorik und Koordination gefördert und gefordert. Die Funktion der Muskelzellen wird verbessert, Verspannungen können sich lösen oder treten seltener auf. Durch die oft aufrechte Haltung, die man beim Tanzen braucht, wird die Wirbelsäule gestärkt, aber auch beweglicher. Bei schnelleren Tänzen, wie dem Jive oder Discofox, kann man zudem seine Ausdauer verbessern und die Fettverbrennung ankurbeln – das ist gut für die Figur.

Tanzen wirkt auf Geist und Seele

Das Gehirn profitiert beim Tanzen immens. Die Reaktionsfähigkeit wird ebenso trainiert wie der Gleichgewichtssinn und die Orientierung im Raum. Man muss ja auf die anderen Paare im Saal achten, um nicht mit ihnen zu kollidieren. Tanzen ist auch eine gute Übung für unser Langzeit- und Kurzzeitgedächtnis. Man muss neue Schrittfolgen lernen, sich diese merken und mit dem Partner umsetzen. Darum ist Tanzen eine hervorragende Demenz-Prophylaxe. Eine neue Untersuchung zeigt zum Beispiel, dass Paartanz das Demenzrisiko um bis zu 70 Prozent reduziert. Das ist mehr als beim Lesen oder Kreuzworträtsel-Lösen.

Durch die verbesserte Durchblutung wird auch das Gehirn besser mit Sauerstoff versorgt. Und am Ende geht es bei jeder Sportart um die Sauerstoffversorgung. Diese wird besser, wenn man sich regelmäßig bewegt.

Jeder, der gern tanzt, weiß, wie gut es sich anfühlt. Man spürt die Musik, den Rhythmus, der Körper schüttet Glückshormone aus. Das ist beim Tanzen noch stärker ausgeprägt als bei anderen Sportarten, weil Musik, Rhythmus und Berührung mitspielen. Auch unser Organismus unterliegt einem Rhythmus, der sich mit der Messung der Herzratenvariabilität abbilden lässt. Anspannung und Entspannung bestimmen sozusagen den Rhythmus unseres Lebens, unseres Herzens. Tanzen trägt eindeutig zur Optimierung unseres Rhythmus bei.

Im Wiegeschritt gegen Stress

Neben den Endorphinen produziert der Körper beim Tanzen auch Serotonin – und dieses bewirkt im Zentralnervensystem Gelassenheit, Ruhe und Zufriedenheit. Damit macht es den Geist auch leistungsfähiger. Außerdem kann man beim Tanzen wunderbar abschalten und Belastungen des Alltags vergessen. Tanzen ist somit ein guter Ausgleich zum Job. Tanzen gilt nachweislich als eine sanfte Sportart, die man – altersgerecht angepasst – bis ins hohe Alter ausüben kann. Man bleibt länger fit und beweglich. Dazu kommt die soziale Komponente für alleinstehende und ältere Menschen. Also eine Gesundheitsvorsorge, die sich gut anfühlt und auch noch Spaß macht.

Die Ursache für eine Trennung liegt bei rund 20 Prozent der Befragten – bei Männern mehr – am Sex. Beziehungsweise am fehlenden, falschen, auswärtigen, unbefriedigenden. Jedenfalls am unbesprochenen. Denn über fast alles können wir reden, am wenigsten jedoch über Sex und Gefühle. Beide machen uns sprachlos.

DORIS KAISER

Warum Sex nicht von alleine funktioniert

Bei Unzufriedenheit darüber zu reden, ist nicht leicht, hilft aber

Sex ist überall: ob im Fernsehen, in Magazinen oder im Internet. Was uns da so präsentiert wird und was wir selbst erleben, sind meist zwei verschiedene Paar Schuhe.

Haben Sie sich schon mal überfordert gefühlt, weil Sie keine multiplen Orgasmen erleben, Ihr Körper anders aussieht wie der im Film oder Sie keine Lust auf SM haben? Willkommen im Club! Leistungsdruck macht auch vor Erotik nicht halt.

Gerade wir Frauen haben oft hohe Erwartungen an uns selbst. Überall wollen wir perfekt sein: im Job, als Mutter, Hausfrau und natürlich als Liebhaberin. Auch wenn das überspitzt ist, fühlen wir uns doch oft be- oder sogar überlastet. Zeit ist Mangelware, sowohl für uns selbst als auch mit dem Partner. Gespräche drehen sich nur um Organisatorisches. Über Gefühle wird wenig geredet, geschweige denn über Sex. Dazu kommt, dass viele Frauen glauben, ihre Partner müssten wissen, was sie wollen. Dabei wissen sie es oft selbst nicht!

Haben andere auch Probleme?

Sexualität ist eine sehr fragile und störanfällige Angelegenheit. Viele Faktoren wie Stress, sexualfeindliche Erziehung, Sorgen, Krankheiten, Enttäuschungen oder Probleme in der Partnerschaft können zu einem unbefriedigenden Sexualleben führen. Meist ist es ein Zusammenspiel mehrerer Punkte.

Über Sex zu reden, ist eine Sache. Noch heikler wird es, die Unzufriedenheit damit zu besprechen. Dann doch besser schweigen. Dahinter steckt oft die Angst, nicht „normal" zu sein. Denn Sex funktioniert doch auch bei allen anderen von ganz alleine, oder? Mitnichten. Die Hälfte aller Menschen hat im Laufe ihres Lebens zumindest einmal sexuelle Schwierigkeiten. Viele davon versuchen, diese zu verharmlosen und quälen sich jahrelang alleine damit herum. Ein unerfülltes Sexualleben wirkt sich sowohl auf Ihre Lebensqualität als auch auf Ihre Partnerschaft negativ aus.

Verantwortung übernehmen

Machen Sie sich bewusst, dass Sie für Ihr Sexualleben verantwortlich sind. Es geht nicht um die prüden Eltern, die bösen Medien oder den unsensiblen Partner. Sondern ganz allein um SIE! Sexualität ist ein lebendiger Prozess. Sie kann erweitert und verändert werden. Jede Frau trägt das Potenzial, ihre Sexualität sinnlich und erfüllend zu leben, in sich. Auch Sie!

Trennungen sind in jedem Lebensalter schlimm. Doch den allerersten Liebeskummer als Teenager, den vergisst wohl niemand. Die Welt scheint zusammenzubrechen, der Hals zugeschnürt, das Unglück unendlich groß, die Zuversicht gleich null. Überhaupt ist diese Phase zwischen Kind und Erwachsenem von großem Gefühlschaos begleitet. Der pubertierende Körper verändert sich mit jedem Tag ein bisschen mehr, und auch im Gehirn geht einiges durcheinander. Grund genug, der Jugend einen Tag zu widmen.

TAG DER JUGEND, 12. AUGUST

Der von den Vereinten Nationen für den 12. August festgesetzte Tag soll an die Bedeutung der Jugend als Lebensphase erinnern. Seit den 1930er-Jahren bis 1999 wurde dieser Tag in Österreich am 27. Mai gefeiert.

Laut westeuropäischer Definition werden Menschen zwischen 13 und 21 Jahren als Jugendliche bezeichnet. Es handelt sich um eine meist ereignisreiche und oft auch anstrengende Zeit für alle Beteiligten. In diesen Zeitraum fallen die Pubertät und Identitätsfindung sowie meist auch der Abschluss der Schulzeit, der Beginn des weiteren Ausbildungsweges sowie die Trennung vom Elternhaus.

Die ungechillten Eltern nerven fürchterlich, die Schule ist urfad, und der Körper gerät irgendwie aus den Fugen – das ist die Zeit zwischen zwölf und 18 Jahren, auch Pubertät genannt. Für die Jungs und Mädchen gleicht das Leben einer Baustelle. Diese Phase der Krisen und Brüche bedeutet ein Hin- und Hergerissensein zwischen himmelhochjauchzend und zu Tode betrübt. Das ist sowohl für Jugendliche wie auch für Eltern eine wilde Zeit. Letztere wollen ihrer Nachkommenschaft Halt geben und dabei loslassen, kein einfaches Unterfangen.

TIPP 65

ANDREAS URICH

Wie alle an der Pubertät wachsen

Familie ist, wenn es Beziehung statt Erziehung gibt

Die Pubertät oder übersetzt „die zur Geschlechtsreife führende Entwicklungsphase des Jugendlichen" ist eine Chance. Eine Chance des Wachsens und des sich neu Kennenlernens. Man könnte es sich ganz einfach machen, und die werdenden Erwachsenen auf ihre Hormone reduzieren, also bloß von pubertierenden Jugendlichen sprechen.

Für Erziehung ist es zu spät

Viele Eltern verpassen die Möglichkeit, ihre Kinder als heranwachsende Erwachsene neu, ja manchmal täglich neu kennenzulernen. Ab dem Beginn der Pubertät, meist so um das 12. Lebensjahr ist es für Erziehung zu spät: Bis zu diesem Alter kooperieren unsere Kinder und übernehmen unsere Wertvorstellungen und Menschenbilder. Ab dann teilen uns Kinder mit, dass es mit der Erziehung reicht, zuerst freundlich und diplomatisch. Wenn die Erwachsenen es jedoch nicht hören, dann werden Jugendliche lauter oder lassen den Körper sprechen. Versteht man Familie als Ort, an dem Beziehung gelebt, Vertrauen aufgebaut und gefestigt wird, ist Entwicklung und Wachstum möglich. Wenn es ein Ort ist, wo der Umgang zwischen den Familienmitgliedern wichtiger ist als der Inhalt, das Wie wichtiger als das Was.

TIPP 66

ANDREAS URICH

Über VW-Regeln und Ich-Botschaften

Anleitung, wie man Pubertierenden begegnet

Folgende Aspekte können helfen, das Wachsen in der Familie gerade in stürmischen Zeiten zu fördern:

- **Das einzige pädagogisch perfekte Handeln gibt es nicht.** Also macht es Sinn, die Erwartungen an das eigene Erziehungshandeln herabzusetzen. Damit beugen Sie Enttäuschungen vor und nehmen Druck aus vielen Situationen.

- **Selbstbestimmung und Eigenverantwortung fördern.** Die Verantwortung der Eltern ändert sich im Laufe des Älterwerdens der Kinder. Treffen Sie keine Entscheidungen, die Kinder selbst fällen können. Kinder und Jugendliche müssen und dürfen ihre eigenen Erfahrungen machen.

- **Person von Verhalten trennen.** Verurteilen Sie nie das Kind als Ganzes und vermeiden Sie Verallgemeinerungen wie: „Du machst immer …", „Du hast noch nie Ordnung gehalten." Vorwürfe führen zur Minderung des Selbstwerts. Verwenden Sie die VW-Regel, das heißt, teilen Sie anstelle eines Vorwurfs einen Wunsch mit: „Ich wünsche mir, dass ..." Formulieren Sie Ich-Botschaften, drücken Sie Ihre Gefühle und Bedürfnisse aus: „Ich ärgere mich, weil ...", „Mir ist Ordnung wichtig, denn ...", „Ich werde wütend, wenn ..." So gelingt es besser, Person von Verhalten zu trennen.

- **Vergleiche mit anderen Kindern oder Jugendlichen vermeiden.** „Deine Schwester räumt immer auf!" oder „Dein Cousin ist in Mathematik viel besser!" wirkt kontraproduktiv. Ebenso sollte Liebe nicht an Bedingungen geknüpft sein: „Wenn du das erledigst, dann mag ich dich."

- **Grenzen sind wichtig.** Grenzen haben allerdings nichts mit Strafen zu tun – Grenzen werden ausgetestet – das ist normal und wichtig. Grenzen bieten Führung und Leitung für Ihr Kind, zielen aber nicht darauf ab, den Willen zu brechen oder die Macht der Eltern zu demonstrieren. Dass Grenzen zu Zorn und Streit führen, ist klar, dabei entsteht wichtige Reibung für die Abnabelung auf dem Weg zum Erwachsenwerden. Werden die Grenzen überschritten, ist es wichtig, logische Konsequenzen zu ziehen. Diese geben Orientierung und Sicherheit und zeigen auch, dass Sie es ernst meinen.

Achten Sie in stürmischen Zeiten besonders auf sich. Hilfreich dabei können viele Tipps dieses Buches sein.

Wie fast alles in der Pubertät im Umbruch ist, so gilt das auch für die Ernährung. Die Bandbreite bewegt sich zwischen Fast Food, vegetarisch, vegan bis hin zu Magersucht, Bulimie und Fresssucht im kritischen Bereich.
Jedenfalls ist eine Ernährungserziehung bei Jugendlichen kaum mehr möglich. Erwachsene können als Sparringpartner zur Verfügung stehen. Nicht kontrollierend, aber lenkend, damit ungesundes Essverhalten als pubertäre Begleiterscheinung vorübergeht und Essstörungen möglichst rasch erkannt werden.

ERIKA MITTERGEBER

Burger, Pizza und Eis

Was Jugendliche in der Pubertät essen

Besonders in dieser Lebensphase der Identitätsentwicklung und der Umbrüche ist die Ernährung ein Instrument, um seinen Platz in der Welt zu finden. Nährstoffaufnahme und
-bedarf klaffen in der Praxis weit auseinander. Sekundäre Pflanzenstoffe, die Eiweiß- und
Kohlenhydrataufnahme, aber auch Übergewicht dürften Einfluss auf die Pubertätsent-
wicklung haben. Darüber hinaus sind ungesättigte Fettsäuren, Kalzium, Eisen und Zink
in der Ernährung wesentlich. Ungesundes Ernährungsverhalten und Essprobleme können
sich in dieser Zeit festigen, wobei zwei Extreme vorherrschen: entweder ein Zuviel von
Ungesundem oder ein Zuwenig von allem.

Zweifelhafte Trends

Nicht nur Körper und Gehirn verändern sich in dieser Zeit, auch die Essgewohnheiten
sind einem Wandel unterworfen. Eltern von „Pubertieren" kennen es: Der Jugendliche
isst einem sprichwörtlich die Haare vom Kopf. In keinem anderen Lebensabschnitt ist der
Nährstoff- und Energiebedarf so hoch wie nun. Gleichzeitig nehmen die elterlichen Len-
kungsmöglichkeiten in der Nahrungsauswahl rapide ab. Besonders ungesundes, fettes,
zuckerreiches Essen, aber auch einseitige Ernährungsformen sind trendy.
Die Auseinandersetzung mit der eigenen Geschlechterrolle macht Jugendliche offen für
fragwürdige Schönheitsideale wie etwa den Size-Zero-Trend (amerikanische Kleidergrö-
ße, entspricht ungefähr 32) oder Magersucht. Wobei Abnehmen sich nicht auf Gewichts-
reduktion beschränkt, sondern kombiniert mit Fitnessprogrammen bereits Kultcharakter
einnimmt, die von Social Media und Online-Programmen (Pro-Ana = für Anorexia nervo-
sa, Magersucht) befeuert werden. Probleme im Essverhalten und Essstörungen treten mit
0,9 bis 3,5 Prozent am häufigsten in der Pubertät auf.

Zuviel Limo und Alk

Die Lieblingsspeisen von Jugendlichen und jungen Erwachsenen sind mit Abstand Nu-
delgerichte, gefolgt von Süßspeisen. Jungs lieben Fleisch und Fast Food, junge Frauen
tendieren zu leichter, gemüseorientierter Kost.

Frühstücken ist bei vielen Jugendlichen ziemlich out, ein Drittel frühstückt sogar nie. Täglich Obst und Gemüse essen nicht mal die Hälfte und je älter der/die Pubertierende wird, desto weiter schrumpft dieser Anteil. Der Zucker- und Limonadenkonsum ist bei Österreichs Jugendlichen hingegen deutlich zu hoch und auch der Alkoholverbrauch sollte hellhörig machen: Etwa jeder dritte Jugendliche trinkt wöchentlich Alkohol, jeder zehnte 17-Jährige sogar täglich.

Jungs essen anders als Mädels

Während männliche Jugendliche für ein gutes Essen „alles liegen und stehen lassen", betrachten Mädchen das Essen überdurchschnittlich häufig als potenzielle Bedrohung, das Umsicht und Kontrolle braucht. In der Pubertät bewegen sich Burschen eher zum männlichen Körperideal hin, sie werden muskulöser und fördern dies durch viel, oft eiweißbetonte Nahrung. Aktuelle weibliche Schönheitsideale kommen der Entwicklung weiblicher Rundungen nicht gerade entgegen, Stichwort „Size Zero". Es darf einen nicht wundern, dass sich die Hälfte der Mädchen und ein knappes Drittel der Burschen mit 15 Jahren trotz Normalgewichts zu dick finden. Und sie leiden darunter. Ein Viertel der 9- bis 17-jährigen Mädchen halten regelmäßig Diät im Sinne von restriktiver Ernährung. Ein Umstand, der Eltern sensibel für das Essverhalten ihres „Pubertiers" machen sollte!

Für viele ist Ende August der Sommerurlaub vorüber – hoffentlich starten Sie erholt in den Alltag. Wie jedoch hält Gelassenheit in der täglichen Hektik Einzug?

TIPP 68

MARIO FREI

So verhindern Sie Stress nach dem Urlaub

Körperliche Anspannung wird am besten mit Bewegung abgebaut

Stellen Sie sich vor, was in Ihrem Körper passiert, wenn plötzlich ein Löwe bei der Türe reinkommt. Herz- und Atemfrequenz sowie Blutdruck steigen, das Stresshormon

Adrenalin wird ausgeschüttet, kalter Schweiß bricht aus ... Der Körper bereitet sich auf körperliche Aktivität vor: Flucht oder Kampf!

Genauso verhält es sich nach einem entspannten Urlaub, wenn Sie der (Berufs-) Alltag wieder einholt. In Ihrer Abwesenheit sammelten sich Hunderte E-Mails, den Papierstapel auf dem Schreibtisch überblicken Sie kaum. Sie hasten von einem Termin zum nächsten, wissen nicht mehr, wie Sie die Anforderungen stemmen sollen, der Abgabetermin für das aktuelle Projekt wäre eigentlich schon gestern gewesen und nächtliches Grübeln verhindert erholsamen Schlaf. Was ist die Folge?

Wenn der Stresspegel steigt

Der Körper reagiert auf beruflichen Stress genauso wie auf den Löwen: Herz, Atmung, Blutdruck, Adrenalin, Schweiß, alles richtet sich auf Aktivität aus. Aber unsere Reaktion ist meist: „Keine Bewegung"! Wir haben ja keine Zeit für körperliche Aktivität! Oder doch?

Wenn es Ihnen körperlich schlecht geht, dann fühlen Sie sich meist auch emotional nicht besonders gut. Kein Wunder. Psyche und Physis sind eng miteinander verknüpft. Das geht aber auch umgekehrt. Sind Sie körperlich topfit, so fühlen Sie sich auch emotional hervorragend.

Kurze knackige Work-outs senken den Stresspegel drastisch, entspannen den Körper – und vor allem: Sie werden fitter und stressresistenter!

Zirkeltraining probieren

Bei jeder Übung werden andere Muskelpartien trainiert. Dazwischen folgen kurze Pausen. Die Vorteile: Eine Fläche von zwei mal zwei Metern reicht aus und die Trainingszeit beträgt je nach Intensität, Übungsauswahl und verfügbarer Zeit zwischen fünf und zwanzig Minuten. Kurz, intensiv und mit großem Effekt! Wie das geht? Ganz einfach, indem Sie mit Ihrem eigenen Körpergewicht trainieren! Kniebeugen, Hampelmänner, Liegestütze, Seilspringen und Ausfallschritte eignen sich bestens.

Sie senken aktiv Ihren Stresslevel, verbessern Ihre Kraft, Koordination, Schnellkraft und Beweglichkeit und stabilisieren das Herz-Kreislauf-System ... Also: Worauf noch warten?

Urlaub ade, Alltag hallo! Der Sommer ist zu Ende, die Sommerferien auch. Die Kinder gehen wieder zur Schule oder fangen erstmals damit an. Struktur und Regelmäßigkeit halten wieder Einzug. Die Tage werden schon merklich kürzer, die ersten Blätter fallen. Auf der nördlichen Halbkugel beginnt im September der Herbst. Zwischen dem 22. und 24. September ist die Tagundnachtgleiche: Die Sonne steht in Äquatorebene und geht an diesem Tag genau im Osten auf und genau im Westen unter.

Warme Farben, sonnige Tage und kühle Nächte prägen den September. Manche sprechen vom Altweibersommer, einer stabilen Schönwetterperiode im Herbst mit Tagestemperaturen um 20 Grad und kaum Regen. Der Begriff leitet sich von den Spinnfäden her, die durch den Morgentau gut sichtbar silbrig glänzen, gleich dem Haar alter Frauen.

Während durch dieses warme Ausklingen des Sommers die Blätter einen Verfärbungsschub erfahren, geht die Vegetationsperiode zu Ende. Die Früchte des Sommers reifen und können genossen werden. Die Natur kommt nun mächtig in Bewegung: Millionen Zugvögel packen ihre Koffer und sind unterwegs Richtung Süden. Auch für die Menschen beginnt die Zeit der Ausflüge und Wanderungen durch die farbenprächtige Natur.

Der September ist traditionell eine Phase der Übergänge vom Äußeren zum Inneren, vom Lauten zum Leisen. Leise ist auch jenes tabuisierte Thema, wenn Menschen in schweren Krisen sich das Leben nehmen wollen. Damit wir hinschauen und dieser Tragödie zuvorkommen, hat die Weltgesundheitsorganisation der Suizidprävention einen Welttag gewidmet.

WELTTAG DER SUIZIDPRÄVENTION, 10. SEPTEMBER

Jährlich nehmen sich weltweit rund eine Million Menschen das Leben. Das heißt, dass alle 40 Sekunden ein Mensch durch Selbsttötung – also Suizid – stirbt. Das sind mehr als durch alle Kriege zusammengezählt, oder auf Mitteleuropa bezogen mehr, als durch Verkehrsunfälle, Gewalttaten, illegale Drogen und Aids in Summe sterben. In Österreich beenden 1 200 bis 1 400 Menschen pro Jahr ihr Leben vorsätzlich, drei Viertel davon sind Männer. Wobei bei Frauen 20 Suizidversuche auf einen Suizid kommen, bei Männern liegt die Rate bei fünf zu eins. Krisenhilfe und Beratungen werden doppelt so häufig von Frauen in Anspruch genommen. Wenn sich Männer Hilfe holen, dann weitaus später und in einem viel schlechteren Zustand. Schätzungen zufolge liegt die Zahl der Suizidversuche bei dem zehn- bis 30-fachen der tatsächlichen Suizide.

Bis zum 29. Lebensjahr ist das die zweithäufigste Todesart. Eine Studie aus dem Jahr 2016 unter 6 000 Jugendlichen zwischen 14 und 17 Jahren besagt, dass über ein Viertel der Jugendlichen konkrete Suizidgedanken hat. Präventionsprogramme sollten daher wesentlich früher beginnen und in bestehende Programme von Schulen – gleich der Gewalt- und Suchtprävention – integriert werden. Von einem Suizid in der Familie sind in Österreich rund 60 000 Angehörige betroffen.

Suizid setzt sich aus den lateinischen Wörtern ‚sui caedere' = „sich selbst töten" zusammen. Der wissenschaftliche Begriff Suizid enthält keine Wertung, während der Begriff Selbstmord moralisch beladen ist. Der Begriff Freitod ist beschönigend, da es vor einer suizidalen Handlung zu einer Einengung der Psyche des betroffenen Menschen kommt und es ihm gar nicht mehr möglich ist, anders zu handeln.

Äußert ein Mensch Suizidgedanken oder zunehmend Selbstzweifel, sollten Angehörige und Freunde das als Hilferuf verstehen und keinesfalls ignorieren. Am Welttag der Suizidprävention, dem 10. September, will die Weltgesundheitsorganisation die Aufmerksamkeit für solche Warnsignale erhöhen.

Wie kann man jemandem helfen, der seinen Lebensmut verloren hat? Das Wichtigste ist, den Betroffenen offen darauf anzusprechen, wenn er sich zurückzieht, depressiv wirkt, gar Suizidgedanken äußert. Damit der Betroffene keine Schuldgefühle bekommt, sollten Angehörige Ich-Botschaften senden und keine Vorwürfe machen. Zum Beispiel könnte man zu ihm sagen: „Ich habe Angst, dass du dich umbringst." Oder ihn fragen: „Hast du schon daran gedacht, dass du deinem Leben ein Ende setzen möchtest?" Damit lässt sich oftmals das Schlimmste verhindern.

ANDREAS URICH

Mythen rund um Suizidgefährdete

Die Selbstmordankündigung wird eh nicht wahr oder ist Erpressung

In der öffentlichen Meinung gibt es viele Vorurteile zum Thema Suizid, die irreführend und falsch sind. Diese Mythen erschweren Betroffenen und Angehörigen die ohnehin bereits belastende Situation. Weit verbreitet ist die Vorstellung, dass Suizidwillige von ihrem Vorhaben nicht abzubringen sind beziehungsweise früher oder später eine Suizidmöglichkeit finden. Etliche Studien belegen jedoch, dass ein Großteil der Menschen mit einem verhinderten Suizid sich später doch nicht das Leben nimmt. Folgende Mythen halten sich standhaft, stimmen aber nicht:

Vorurteil 1: Wer von Suizid redet, begeht nicht Suizid.
Aussagen wie „Ich bringe mich um" oder indirekt „Ich will nicht mehr" sind ein Zeichen für eine Notsituation und sollten daher immer ernst genommen werden. 80 Prozent der suizidgefährdeten Menschen kündigen dies vorher direkt oder indirekt an.

Vorurteil 2: Ansprechen auf Suizidgedanken ist gefährlich.
Diese Befürchtung ist unbegründet. Kein Mensch nimmt sich das Leben, weil er auf Suizidgedanken angesprochen wurde. Im Gegenteil: Für gewöhnlich reagieren Menschen erleichtert, wenn sie – ohne verurteilt zu werden – mit jemandem über diese Gefühle und Gedanken sprechen können. Die größte Gefahr ist die Isolation.

Vorurteil 3: Wer sich wirklich das Leben nehmen möchte, ist nicht aufzuhalten.
Suizidale Menschen durchlaufen eine Phase der Zwiespältigkeit und sind daher für

gewöhnlich hin und her gerissen zwischen Leben und Tod. Gerade in dieser Phase sind Betroffene für Hilfe zugänglicher.

Vorurteil 4: Wer an Suizid denkt, ist nicht normal.
Die meisten Menschen befinden sich irgendwann einmal in ihrem Leben in einer Krise, in der sie denken, es sei besser, nicht mehr zu leben.

Vorurteil 5: Wer einen Suizidversuch überlebt, macht das nie wieder.
Nach einem Suizidversuch besteht ein erhöhtes Risiko, erneut suizidal zu werden. Höchste Gefahr ist im ersten halben Jahr nach dem Versuch gegeben. In 80 Prozent der Fälle handelt es sich allerdings um ein einmaliges Ereignis.

Vorurteil 6: Zu Weihnachten oder im grauen November gibt es die meisten Suizide.
Es gibt zwei signifikante Spitzen, eine davon tatsächlich im Herbst. Allerdings wird die größte Anzahl an Suiziden im Frühjahr durchgeführt, während die Zahl zu Weihnachten bzw. Neujahr eher gering ist.

Vorurteil 7: Suizide ereignen sich hauptsächlich in der Stadt, nicht auf dem Land.
Die Suizidrate auf dem Land ist für gewöhnlich höher als in großen Städten. Der Grund hierfür könnte die höhere Dichte an psychosozialer Versorgung in Städten sein.

Vorurteil 8: Wer Suizidgedanken hat, wird sie sein ganzes Leben lang haben.
Suizidgedanken entstehen oft in Krisensituationen. Wird die Krise bewältigt bzw. der Umgang mit der neuen Lebenssituation erlernt, so verschwinden für gewöhnlich auch die Suizidgedanken.

Vorurteil 9: Ein Suizidversuch ist nur Erpressung.
Suizidankündigungen und -versuche sind Ausdruck der Not der Betroffenen und ihres Bedürfnisses diese mitzuteilen. Professionelle Hilfe für Betroffene und Angehörige ist sehr entlastend.

Hinter jedem Suizidversuch und jedem Suizid steckt eine sehr persönliche Geschichte: manchmal ein langer Leidensweg, manchmal eine kurzfristige schwere Krise. Krisenbewältigung kann Freitode verhindern. Der Suizid ist das Ergebnis eines Zusammenspiels von genetischen, psychologischen, sozialen, kulturellen und anderen Risikofaktoren, manchmal verbunden mit traumatischen Erlebnissen und Verlusterfahrungen.

ANDREAS URICH

Im Moment bist Du der wichtigste Mensch

Man kann bei Suizidgefahr etwas tun: Warnsignale nicht ignorieren

Viele Menschen, die sich das Leben nehmen, haben an einer psychischen Erkrankung gelitten. So verspüren depressive Personen nicht nur einen enorm hohen Leidensdruck, sie verlieren jegliche Hoffnung und Zuversicht auf eine Besserung. Der Wunsch ist nicht, zu sterben, sondern nicht mehr so leben zu müssen. Aus Scham schweigen viele über ihr Leiden. Die damit einhergehende Hoffnungslosigkeit kann sich in eine suizidale Richtung entwickeln: „Wofür lohnt es sich überhaupt noch zu leben?" oder „Ohne mich ginge es allen besser". Als Ausweg aus der quälenden Situation erscheint es entlastender, das Leben zu beenden. Nach dem Entschluss, Suizid zu begehen, tritt beim Betroffenen meist Erleichterung ein, was vom Umfeld oftmals fälschlicherweise als Besserung des psychischen Zustands wahrgenommen wird.

Tabuthema Tod

Es gibt bereits einige tolle Programme zur Suizidprävention wie beispielsweise die Arbeitsgruppe „Suizidprävention an Autobahnen und Schnellstraßen" der Asfinag, die unter anderem die Brückensicherheit ausbaut, oder die GO-ON Suizidprävention Steiermark, die für diese Problematik bei Messen, in Erste-Hilfe-Kursen und vielem mehr sensibilisiert. Dennoch: Suizidprävention ist nicht auf Organisationen beschränkt, sie geht uns alle etwas an. Leider wird dieses Thema – genauso wie der Tod oder das Sterben generell – bis dato tabuisiert. Ehrliches und aufrichtiges Interesse am Gegenüber kann Leben retten, denn immer ist die gegenwärtige Stunde die wichtigste und der wichtigste Mensch jener, der sich gerade mir gegenüber befindet.

Bereits drei Tage nach dem Welttag der Suizidprävention folgt der Tag des positiven Denkens am 13. September. Wer gelernt hat, positiv zu denken, wird manche Schwierigkeiten des Lebens leichter bewältigen.

TAG DES POSITIVEN DENKENS, 13. SEPTEMBER

Der 13. September wird sicher ein guter Tag, denn er ist der Tag des positiven Denkens. Auch wenn für manche 13 eine Unglückszahl bedeutet, so ist dennoch jeder Tag des Lebens ein Geschenk.

Durch konstant positives Denken kann eine dauerhafte optimistische Grundhaltung erreicht werden. Fühlen wir uns wohl, geht alles einfacher: Wir sind kreativer, energievoller und motivierter. Der Zustand passiert nicht zufällig, sondern wir können daran arbeiten. Denn unser Denken und Fühlen ist nicht einfach da, wir können es sehr wohl beeinflussen. Die Gedanken lenken uns nur, wenn wir uns das gefallen lassen. Wir können Sie stoppen, verändern, verbessern oder verschlechtern.

Die Glücksforschung besagt, dass es zur Hälfte vorbestimmt ist, wie leicht oder schwer es uns fällt, glücklich zu sein. Von der restlichen Hälfte sind nur zehn Prozent kaum beeinflussbare Umstände, also das Umfeld, das Einkommen, die Umwelt oder andere Lebensbedingungen, und diese sind derzeit so gut wie nie zuvor und wie kaum sonst wo auf der Welt.

Was aber ist mit den übrigen 40 Prozent? Dafür sind wir selbst zuständig. Wir können entscheiden, welchen Ereignissen wir unsere Aufmerksamkeit schenken. Wie lange wir worüber nachdenken und auf welche Art.

Hier liegt unser Spielraum. Unser Denken können wir beeinflussen, immer, überall und sofort. Welche Vorteile hat das?

Positives Denken fördert die Fähigkeit, die Schwierigkeiten des Lebens zu meistern. Wir alle haben schon so viel durchgestanden: Vom ersten Verlust eines Haustieres, über Umzüge oder schlechte Schulnoten, Kundenbeschwerden oder schlecht gelaunte Nachbarn bis hin zum Tod von Verwandten. Stärken Sie sich in schwierigen, ja scheinbar aussichtslosen Situationen mit der Erinnerung an die, die Sie schon gemeistert haben!

Hierbei nimmt das Unterbewusstsein die positiven Gedanken auf und speichert sie ab. Dies führt zu einem besseren Selbstbild und Selbstverständnis sowie zu einer höheren Zufriedenheit und am Ende einer besseren Lebensqualität.

Eine optimistische Lebenseinstellung ist erlernbar. Es ist wissenschaftlich bewiesen, dass ein Optimist Stress besser bewältigt und meist gesünder ist. Diese Menschen gestalten ihren Tag aktiv und arbeiten in schwierigen Zeiten gezielt daran, diesen Zustand zu verbessern.

Das Beste, was wir für uns und andere tun können, ist, uns wohl zu fühlen. Wenn es uns gut geht, haben wir etwas zum Abgeben, so profitieren alle davon.

FRANZ STEINBERGER

Du bist, was du denkst

Positive Gedanken und Bewegung machen glücklich

Der Mensch ist das, was er den ganzen Tag denkt. Eine Volksweisheit mit großem Wahrheitsgehalt. Denn die Wissenschaft hat herausgefunden, dass unsere gegenwärtigen Lebensumstände das Produkt unserer Gedanken sind. So wird alles, was wir gedanklich als wahr anerkennen, als Lebensumstand in unserem Alltag sicht- und fühlbar.

60 000 Gedanken pro Tag

Das Zusammenspiel zwischen linker und rechter Gehirnhälfte bringt jene Lebensumstände hervor, die aus der Fülle unserer täglich rund 60 000 Gedanken entstehen. Dabei sind – statistisch gesehen – nur drei Prozent unserer Gedanken aufbauender und konstruktiver Natur. Zirka ein Viertel ist destruktiv oder gar negativ. Der Rest sind unbedeutende Gedanken, die viel Zeit und Energie kosten, aber nicht dazu beitragen, dass es uns gut geht. Positiv denkende Menschen sind rar. Viele weisen auf die schlechten Ereignisse in ihrem Leben hin, bleiben gedanklich negativ. Damit festigen sie ihre destruktive Realität. Wenn negative Gedanken die Oberhand haben, sind jene Gehirnbotenstoffe, die im Gefühlshirn (Limbisches System) entstehen, de facto nicht vorhanden. Das führt zu negativen Gefühlen und Glaubenssätzen – ein Teufelskreis. Wenn man etwa einen nebelig grauen Tag dazu benutzt, nicht positiv agieren zu müssen, weil Nebel ja depressiv macht, hat man die Verantwortung abgegeben. Dieser Tag wird keine positiven Ergebnisse hervorbringen. Es gibt jedoch auch Menschen, die trotz sichtbarer negativer Ereignisse konstruktiv denken und so wieder ansprechende Lebensqualität erreichen.

Bewegung produziert Glück

Ein weiterer wichtiger Baustein für gute Gefühle und konstruktive Lebensumstände ist die Bewegung. Durch regelmäßige Bewegung wird Serotonin (siehe Kapitel Februar) und Endorphin (Glücksbotenstoff) im Gefühlshirn produziert. Somit wird unser Denkhirn (Neocortex) überwiegend mit diesen Glücksboten versorgt. Man glaubt daran, die täglichen Aufgaben bewältigen und ein zufriedenes Leben führen zu können. Es gibt keine Gefahr, durch falsche Sichtweisen in ein Burn-out zu taumeln. Man muss dabei keinen

Marathon laufen, sondern einfach hinspüren, welche Form der Bewegung guttut und die Intensität so wählen, dass sie Freude macht. Um die Lebensqualität dauerhaft sicherzustellen, heißt es, Denkgewohnheiten zu überprüfen und negative Muster stets durch konstruktive Gedanken zu ersetzen.

* Fachbegriff „Testosteron"

Dieses wichtigste männliche Sexualhormon bewirkt die Ausbildung der männlichen Geschlechtsmerkmale, fördert das Wachstum der Körperbehaarung und hat eine muskelaufbauende Wirkung. Darüber hinaus steigert ein hoher Testosteronspiegel unter anderem das sexuelle Verlangen, die Ausdauer und den Antrieb.

Positive Gedanken und Bewegung machen also glücklich. Bei sportlicher Betätigung schüttet der Körper eine Reihe von „Juhu-Substanzen" wie Endorphine, Testosteron und Serotonin aus. Wie sich diese auf unseren Körper und unser Befinden auswirken, lesen Sie nun.

TIPP 72

ANDREA HÜTTHALER

Im Rausch der Gefühle

Wie Licht und Bewegung unsere Stimmung steuern

Dieser Sommer hat uns mit sehr viel Sonne versorgt. Das ist gut, denn Licht belebt den gesamten Energiestoffwechsel. Durch die Strahlen der Sonne werden in kleinsten Mengen Endorphine – die sogenannten Glückshormone – produziert. Wenn die Sonne scheint, fühlt man sich in seiner Haut wohler, ist aktiver und gut gelaunt. Richtig dosiert hebt Licht also die Stimmung.

Große Mengen von Endorphinen sind ursprünglich für lebensbedrohliche Situationen vorgesehen worden. Die Natur hat uns mit diesem Stoff ausgestattet, damit wir Schmerzen nicht hilflos ausgesetzt sind. So ist bei der Geburt eines Kindes der Endorphinspiegel der Mutter extrem hoch.

Hormone lassen sich steuern

Nicht zufällig ist der Name des Glückshormons mit dem Namen Morphin eng verbunden. Chemisch sind die beiden Stoffe verwandt und führen zu ähnlichen Gefühlsregungen. Unser körpereigenes Rauschgift agiert als Botenstoff für Euphorie.

Auch Läufer kennen dieses Glücksgefühl – es wird als „Runner's High" bezeichnet. Dafür muss man nicht unbedingt einen Marathon laufen. Ein hoher Endorphinspiegel im Blut versetzt den Körper in einen Ausnahmezustand ähnlich dem Gefühl, wenn man verliebt ist. Und wer das einmal erlebt hat, möchte es immer wieder spüren.

Werden Muskeln stärker trainiert, produzieren sie auch das Powerhormon Testosteron (Erklärung siehe vorige Seite), das für inneren Antrieb sorgt, sowie das schlank machende Wachstumshormon.

Darüber hinaus wird der Glücksbotenstoff Serotonin (siehe Kapitel Februar) täglich selbst erzeugt. Er vertreibt depressive Verstimmungen und sorgt für gute Laune. Also liegt es auch in unserer Macht, unsere Gefühlsebene zu pushen.

Bewegung macht schlau

Aber nicht nur das: Bewegung und gezieltes Training können noch viel mehr! Sie beflügeln den Geist, verbessern die Konzentration und erhöhen die geistige Leistungsfähigkeit. Wer sich viel bewegt, setzt sein Gehirn zur Steuerung dieser Bewegungen ein. Das führt zu einer Steigerung von Aufmerksamkeit und Konzentration und in Folge zu erhöhter kognitiver Leistung. Bewegung regt den Stoffwechsel an. Das Gehirn wird mit mehr Sauerstoff versorgt und besser durchblutet. So bilden sich neue Vernetzungen, die die Weitergabe von Signalen und damit die Gehirnfunktion verbessern. Dieser Vorgang wird als Synaptogenese bezeichnet.

Untersuchungen haben gezeigt, dass mehr Endorphine ausgeschüttet werden, wenn man nicht alleine „sportelt". Suchen Sie sich also Gleichgesinnte oder trainieren Sie mit einem Personal Trainer!

Bewegung und gezieltes Training stimulieren den Geist, verbessern die Konzentration und steigern die Leistung unseres Gehirns. Es bekommt mehr Sauerstoff und wird dadurch besser durchblutet, neue Vernetzungen entstehen. Somit können wir Einfluss auf unseren Geist nehmen wie auch mit einem weiteren faszinierenden Werkzeug: dem mentalen Training.

ANDREAS URICH

Gut drauf durch mentales Training

Jeder schlechte Gedanke über sich ist Selbstverletzung

Die Techniken des mentalen Trainings sind längst nicht mehr nur Spitzensportlern und Führungskräften vorbehalten. Mentales Training kann für sämtliche alltäglichen Herausforderungen angewendet werden. Damit gelingt es, sein Potenzial zu erhöhen und den „eigenen Geist" zu beherrschen. Konsequentes Training kann die „Software des Gehirns" umprogrammieren. Das führt zu höherer Leistungsfähigkeit und Lebensqualität und verbessert das Wohlbefinden. Denn unser Gehirn entwickelt sich so, wie es genutzt wird.

Wir sind, was wir denken

Allzu oft fixieren wir das Negative, vor allem was die eigene Person betrifft. Die Ursachen sind biografisch, evolutionär, liegen aber auch darin, wie wir unser Gehirn programmieren. Dies führt meist dann zu Blockaden, wenn gezielt Leistungen abzurufen sind. Mentales Training besteht großteils daraus, alle störenden Denkvorgänge zu unterbinden und leistungsförderliche Gedanken ins System einfließen zu lassen. Doch wie der Name bereits sagt, ist ein regelmäßiges Training für eine erfolgreiche Umprogrammierung notwendig. Übungen wären etwa positive Selbstbeeinflussung im inneren Gespräch oder Affirmation, also selbstbejahende Sätze. Auch Visualisierungstechniken helfen, indem man sich positive Situationen und Tätigkeiten in Form eines inneren Films vorstellt.

Sei gut zu Dir

Jeder schlechte Gedanke über sich selbst ist im Prinzip eine Selbstverletzung. Entlarven Sie diese und formulieren Sie sie positiv um. In Stresssituationen fallen diese Techniken nicht so leicht. Daher ist es wichtig, Entspannungstechniken für die Akutsituation sowie auch zur Prävention zu erlernen. Dadurch werden störende Gedanken ausgeschaltet. Zu den Entspannungsmethoden zählen neben Atemtechnik beispielsweise die progressive Muskelentspannung, autogenes Training oder auch verschiedene Meditationsformen. Unsere Gedanken beeinflussen unsere Stimmung und unser Befinden. Denken müssen wir ja sowieso, warum dann nicht gleich positiv? Ziel des mentalen Trainings ist es, aus dem oft unbewussten Denken („es denkt uns") zu einem achtsamen Denken zu wechseln.

Ein Beispiel dafür ist der Gedankenstopp: Herrscht in schwierigen Situationen ein Chaos im Kopf, sagen Sie zu Ihren Gedanken bewusst: „Stopp!" Testen Sie den Effekt. Sie entscheiden, was Sie wann denken. In allen Situationen ist zumindest eine einzige Änderung möglich: nämlich die der eigenen Einstellung. Fangen Sie noch heute damit an!

Sagen Sie nicht nur zu negativen Gedanken stopp, sondern auch zu üppigen Waffeln, süßen Limonaden und fetter Salami in der Jausenbox. Gerade jetzt zu Schulbeginn wäre ein guter Zeitpunkt, unseren Schulkindern smarte Lebensmittel einzupacken.

„Vier gewinnt" ist der Name eines Brettspiels zum Tüfteln. Für manche ist es auch eine Devise, gerade eben durch die Schulzeit zu kommen. Hier werden wir auf „die großen Vier" in Bezug auf die perfekt zusammengestellte Jause für Kinder eingehen. Mit einer gesunden Jause werden Konzentrationsschwächen vermieden und ein konstanter Blutzuckerspiegel beugt Heißhungerattacken vor.

TIPP
74

JUTTA DIESENREITHER

Das gesunde Jausenquartett für die Schule

ist kein Kartenspiel, soll aber trotzdem Spaß machen

Mit dem Beginn des neuen Schuljahrs startet für Eltern wieder die morgendliche Zubereitung der Pausenjause. Für viele ist die Zusammenstellung allerdings eine täglich neue Herausforderung. Es geht schon beim Frühstück los: Während das eine Schulkind lieber bis zum letzten Augenblick im Bett bleibt, bringt das andere frühmorgens keinen Bissen hinunter. Aber ohne Frühstück sinkt der Leistungsspiegel am Vormittag deutlich ab, umso mehr bräuchte es die richtige Jause. Denn wer eifrig lernt, braucht auch viel Energie.

Frühstück und Jause machen fit

Am besten startet man den Schultag mit einer kleinen Mahlzeit am Morgen. Das macht nicht nur wach, sondern kurbelt auch die Denkleistung an, so Studien. Spätestens am

Vormittag zeigen sich die Unterschiede. Entscheidend ist dabei weniger die Nährstoffmenge als die Wirkung auf den Blutzuckerspiegel. Je langsamer Glukose aus der Nahrung ins Blut gelangt, desto besser können sich Kinder konzentrieren und Aufgaben lösen. Wurstsemmeln, Kekse oder zuckerhaltige Limonaden sind dafür ungeeignet.

Eine ausgewogene Vormittagsjause verhindert einen raschen Leistungsabfall und liefert Nährstoffe sowie Energie. Dennoch ist es für uns Eltern nicht immer ganz einfach, eine Schuljause zu kreieren, die gesund ist und Kindern trotzdem schmeckt.

Gesundes Jausenquartett

Zur gesunden Schuljause dürfen „die großen Vier" nicht fehlen! Dazu zählen Getreideprodukte wie Brot oder Müsli, Milch und/oder Käse, ein Stück Obst und/oder Gemüse und ein Getränk.

Brot & Co: Je höher der Anteil an Vollkorn, desto besser. Geeignet ist eine dicke Schnitte Brot, dafür darf der Belag dünner gehalten werden.

Milch & Käse: Käse soll weniger als 45 Prozent F. i. T.* (Fett in der Trockenmasse) haben, Joghurt, Milch, Buttermilch, Sauermilch passen sehr gut.

Obst & Gemüse: bunt und quer durch den Obst- und Gemüsegarten zum Snacken.

Getränke: Wasser, ungesüßte Tees

Checkliste zur Steigerung der Jausen-Akzeptanz

- Fragen Sie Ihr Kind in der Früh, auf was es Lust hat. Je mehr wir die Kinder miteinbeziehen, desto besser wird die Schuljause angenommen.
- Wenn die nicht gegessene Schuljause immer wieder retour kommt, suchen Sie das Gespräch mit Ihrem Kind und gehen Sie Kompromisse ein.
- Bereits beim Einkaufen am Vortag das Kind über die Wünsche zur Schuljause fragen.
- Ob Abwechslung oder jeden Tag das gleiche Jausenbrot, ist abhängig vom Kind.
- Richten Sie nicht nur den Kindern eine Jause her, auch wir Erwachsene können Gemüse zwischendurch knabbern.
- Erklären Sie dem Kind, warum süße Getränke und Süßigkeiten generell keinen Platz in der Jausenbox haben.

---

* Fachbegriff „F. i. T. (Fett in der Trockenmasse)"

Der Fettgehalt von Käse wird in Prozent angegeben, und zwar ist es der Massenanteil des Fetts an der Trockenmasse des Käses, das heißt aller Käsebestandteile außer dem Wasser. Das wird deshalb so angegeben, weil der Käse bei der Lagerung im Geschäft Wasser verliert, also der Fettgehalt im Käse steigt. Der Anteil des Fetts an der Trockenmasse verändert sich hingegen im Laufe der Zeit nicht.

Ein Weichkäse mit 48 % F. i. T. besteht aus mehr als zwei Dritteln Wasser, womit ein absoluter Fettgehalt von 14 % vorliegt. Hingegen weist ein Hartkäse mit ebenso 48 % F. i. T. einen Wassergehalt von nur einem Drittel auf, hat somit einen viel höheren, reinen Fettanteil von 31 %.

So wie sich das Lebensmittelangebot laufend verändert, und heute so unüberschaubar ist wie nie zuvor, so ändert sich auch der Erziehungsstil.

„Zu meiner Zeit hätt' es das sicher nicht gegeben!" Wie oft hören oder sagen wir diesen Satz. Ein Killer-Argument, denn Umstände und Zeit lassen sich nicht einfach eins zu eins miteinander vergleichen.

Stimmt es dennoch, dass es die Jugend heute viel leichter hat?

GÜNTHER BLIEM

Pubertät im Wandel der Zeit

Wieso es heute schwieriger ist, erwachsen zu werden

Viele Erwachsene haben den Eindruck, dass es die heutige Jugend viel leichter hätte, als sie selbst es hatten. Die Jugend wäre heute oftmals nur zu locker erzogen, zu verwöhnt, zu motivationslos und es fehle ihr an alten Tugenden wie Eifer, Mut und Verantwortungsbewusstsein. Doch stimmt dieser Eindruck?

Dazu scheint es sinnvoll, sich zuerst den historischen Wandel des ersten Lernfeldes eines Kindes auf dem Weg zum Jugendlichen anzusehen: nämlich die Familie.

Familie bedeutete früher Versorgung

In der Antike bezeichnete der Begriff „Familie" noch keine vorrangig emotionale und auf Bindung bezogene Kernfamilie aus Mutter, Vater und Kindern. Vielmehr bezog Familie sich auf eine Zugehörigkeit zu einer Gruppe mit materieller Versorgung und somit gesichertem täglichem Überleben. Es gab klare Strukturen und feste Macht- beziehungsweise Herrschaftsverhältnisse.

Erst mit der Zunahme der materiellen Sicherheit, beispielsweise im französischen Bürgertum, verschob sich die Bedeutung der familiären Beziehungen mehr und mehr auf emotionalere Bedürfnisse und Wünsche. Aus dem innerfamiliären System aus „Ich und Du" wurde zunehmend das familiäre „Wir". Spürbar werden diese Veränderungen beispielsweise, wenn man ein früheres „Sie, Frau Mutter" mit einem heutigen „Du, Mama" vergleicht.

Keine Reibung mehr

Dies sollte keinesfalls so verstanden werden, dass es früher besser oder schlechter war. Vielmehr geht es um die Veränderung der materialistischen Bedeutung von Familie hin zur emotionaleren Bedeutung. Damit geht der Wunsch nach Harmonie und einem konfliktfreien Leben einher. Durch die Auflösung von Hierarchien geht allerdings auch die notwendige Reibungsmöglichkeit verloren. Die Möglichkeiten zu Selbsterfahrung und Selbstbestätigung durch Konflikte werden weniger.

Eltern sind keine besten Freunde

Dies hat auch Auswirkungen auf die Entwicklungsmöglichkeiten von Kindern und Jugendlichen, da das notwendige erwachsene, emotionale und konfliktfähige Gegenüber an Authentizität verliert. Einerseits wollen Erwachsene immer kindlicher bleiben (bester Freund des Kindes usw.) und anderseits sollen Kinder und Jugendliche immer erwachsener sein (reflektiert, Manager ihres Lebens usw.).

Die dadurch entstehende Verunsicherung in der Erwachsenenwelt führt zu einem Anstieg von frühkindlichen Bindungsstörungen, aber auch zu schwierigeren Ablösungsprozessen und Entwicklungen des Individuums. Nur das psychische Getrenntsein ermöglicht Beziehung zwischen zwei Individuen, deren Selbsterfahrung und eigenständige Entwicklung. Eine das Kinderwohl fördernde Bindung zwischen Kindern und Erwachsenen basiert nicht nur auf einem Geborgensein im „Wir", sondern auch auf der die Individualität fördernden Unterscheidung zwischen „Ich" und „Du". Gelingen diese Entwicklungen gut, schaffen Jugendliche meist den Schritt in die Welt hinaus.

TIPP 76

GÜNTHER BLIEM

So gelingt Erwachsenwerden

Jugendliche brauchen konfliktfähige Eltern

Gelingt Pubertierenden die Ablösung von Ihren Eltern nicht ausreichend, dann bleiben sie in depressiven Dynamiken (antrieb- und motivationslos) und/oder in einer autistischen

Blase (Schutzblase, Komfortzone). Das erklärt auch die Attraktivität der Alternativwelten von Computerspielen und Social Media für manche Jugendliche, aber auch Erwachsene. Es ist einfacher und mit weniger Angst verbunden, in diesen scheinbar paradiesischen Welten zu bleiben, als sich der realen beängstigenden Welt stellen zu müssen. In der virtuellen Welt kann man beispielsweise ohne Angst seine Aggression ausleben und immer wieder den Reset-Knopf drücken.

Was stoppt diese Entwicklungen?

Die Antwort lautet: Konflikte austragen! Dazu braucht ein Jugendlicher aber einerseits eine innere belebte Aggression, um überhaupt seine inneren Ängste überwinden und in Bewegung kommen zu können. Andererseits aber auch konstruktive Autoritäten als klares und erwachsenes Gegenüber, das diese Aggressionen auch aushalten kann.

„Autorität" muss hierbei im ursprünglichen Kontext als Wertebegriff im Sinne von Würde, Ansehen und Kompetenz mit Vernunft und Gelassenheit verstanden werden.

Wie können Eltern helfen?

Speziell in den stürmischen Zeiten der Pubertät sind Eltern, die eine gesunde und konstruktive Autorität darstellen, ein „Anker" zum Festhalten und um sich orientieren zu können. Sie bieten Grenzen, an denen sich die Jugendlichen reiben und selbst erfahren können, das heißt auch Frustrationen aushalten, welche zum Erwachsenwerden und zur Überprüfung des eigenen Seins gehören.

Langfristig dient diese authentische Beziehung zwischen Jugendlichen und Erwachsenen auch zur Entwicklung von Selbstwert und Selbstwirksamkeit. Das Austragen von Konflikten mit einer Autorität hilft dabei, den Jugendlichen zu stärken, sodass er selbst zu einer Autorität werden kann.

Ein harmonisches Zusammenleben ist liebevoll, aber einfach. Miteinander zu streiten, ist schwierig und anstrengend, aber so gesehen doch auch liebevoll.

Lassen Sie uns den September mit einem Aufruf zu lustvoller Bewegung enden. Tauchen Sie in die Weichheit des Lichts ein, lassen Sie die Farben der Blätter bewusst auf sich wirken, saugen Sie den Duft dampfenden Waldbodens in sich auf, wenn Sie Bewegung im Freien machen. Es wird Sie berühren.

OKTOBER

Der Oktober war im römischen Kalender nicht der zehnte Monat, sondern der achte. Daher kommt sein Name aus dem lateinischen ‚octo' =„acht". Heutzutage wird am ersten Sonntag im Oktober in den Kirchen das Erntedankfest gefeiert und in den Bierzelten endet das Oktoberfest.

Die Natur geht im Oktober vollständig in den Herbst über. Oft tritt der Altweibersommer erst im Oktober auf, aber es kann auch schon zu ersten Kälteperioden kommen. Also wird es ein goldener Oktober oder ein frühwinterlicher Herbst. Die Blätter werden bunter und fallen zu Monatsende schon vielfach von den Bäumen, manchmal sind Nachtfröste zu erwarten. Mitunter gibt es Ende Oktober auch schon den ersten Schnee zu bestaunen.

Seit 1965 begeht Österreich am 26. Oktober seinen Nationalfeiertag. An diesem Tag ist 1955 die österreichische Neutralität in Kraft getreten und die letzten Besatzungsmächte haben Österreich verlassen. Ein Aufatmen ging nach einer langen Zeit des Verlustes, Leides und Schmerzes durch das Land.

HELGA GUMPLMAIER

Was hat Schmerz mit der Seele zu tun?

Es hilft bereits, den Zusammenhang zu erkennen

Schmerzen schlagen sich aufs Gemüt. Intensive und lang anhaltende Schmerzen kosten Energie, sie belasten die Seele. Schmerzen haben meist körperliche Ursachen, es gibt aber auch Fälle, in denen sie von traumatischen Erlebnissen herrühren. Also kann die Seele schmerzauslösend sein, wie auch umgekehrt Schmerzen die Psyche belasten können – ein Kreislauf. Stress und seelische Blockaden, die sogar von früheren Generationen innerhalb der Familie weitergegeben werden, können Auslöser von Leiden sein. Daher ist es in jedem Fall hilfreich, sich den Zusammenhang zwischen Schmerz und Psyche bewusst begleitend anzusehen.

Schmerz lass nach!

Schmerz ist ein unangenehmes, heftiges Sinnes- und Gefühlserlebnis, das mit tatsächlichen oder möglichen Gewebeschäden verbunden ist oder in solchen Kategorien beschrieben wird, wie es die International Association for the Study of Pain definiert.
Schmerz mit klarer körperlicher Ursache kann chronisch werden, wenn er zu vermehrter Stressbelastung führt. Angst vor dem Schmerz produziert zunehmende Passivität, Schon- und Fehlhaltungen. In Gedanken ist man nur mehr beim Schmerzerleben. Dies kann zu Verzweiflung führen und damit auch Einfluss auf das soziale Umfeld haben. Letztendlich führt die Überzeugung, körperlich nicht mehr belastbar zu sein, oft zu einem Totalrückzug und schließlich zu Berufsunfähigkeit.

Stress wirkt auch körperlich

Umgekehrt kann eine psychisch-emotionale Intensiv- oder Dauerbelastung zu körperlichen Beschwerden mit Schmerzen führen. Ein Beispiel: Starker Stress wie etwa Trauer kann den Sauerstoffgehalt im Blut um bis zu 40 Prozent verringern. Damit werden Zellen schlechter versorgt und erneuern sich nicht mehr richtig. Die Folge sind Entzündungen. In der medizinischen Schmerzdiagnose geht man inzwischen von der Annahme aus, dass Rückenschmerzen häufig Ausdruck psychischer Belastungen sind.

Beratung begleitet achtsam

Medizinische Abklärung vorausgesetzt, kann Lebens- und Sozialberatung dabei unterstützen, dass Schmerzen nicht zur Dauerbegleitung werden. Hilfe gibt es auch dabei, Bezüge zu erkennen und Verhaltensmuster zu verändern, wenn es aktuelle Probleme wie beispielsweise Schwierigkeiten am Arbeitsplatz gibt. Gemeinsam werden Strategien zur Stress- und Schmerzbewältigung erarbeitet, Beziehungsmuster deutlich gemacht und verändert. So gelingt es, mehr auf sich selbst zu achten und mit einer Erkrankung besser umzugehen.

Das komplexe Zusammenspiel zwischen Körper und Seele wird in der Psychosomatik abgebildet. Die ganzheitliche Betrachtungsweise des Menschen umfasst auch dieses Wechselspiel zwischen körperlichen Beschwerden und seelischer Belastung. Grund genug, das Augenmerk auf die seelische Gesundheit zu richten, der ein eigener Tag gewidmet ist.

INTERNATIONALER TAG DER SEELISCHEN GESUNDHEIT, 10. OKTOBER

Der internationale Tag der seelischen Gesundheit heißt auch Welttag der geistigen Gesundheit. Er wurde 1992 durch die World Federation for Mental Health mit Unterstützung der Weltgesundheitsorganisation (WHO) ins Leben gerufen.

Nach einer Studie der WHO leidet weltweit jeder vierte Patient an einer psychischen Störung. Zu den häufigsten zählen dabei Angsterkrankungen, Depressionen, Alkohol- und andere Suchterkrankungen, Demenz, bipolare Störungen und Schizophrenien. Schon seit Langem nennen Experten diese Leiden Volkskrankheiten. Ein Drittel bis die Hälfte aller Menschen leidet im Laufe seines Lebens zumindest einmal an einer psychischen Erkrankung. In den europäischen WHO-Staaten sind Frauen – von Suchterkrankungen abgesehen – mit 33,2 Prozent häufiger betroffen als Männer mit 21,7 Prozent.

Psychische Störungen gehören zu den häufigsten Beratungsanlässen in allgemeinmedizinischen Praxen.
Auf Österreich umlegbare Zahlen aus Deutschland zeigen, dass psychische Störungen derzeit an vierter Stelle als Ursache für Bescheinigungen zur Arbeitsunfähigkeit gereiht sind – Tendenz steigend. Rund zehn Prozent der Fehltage bei aktiv Berufstätigen gehen auf Erkrankungen der Psyche zurück. Erst in den letzten Jahren wurde dieses Problem enttabuisiert und auch zunehmend in der Gesellschaft diskutiert.

Wenn uns eine schlimme Nachricht ereilt, zieht es uns förmlich den Boden unter den Füßen weg. Was das mit einem macht, erlebt jeder Mensch anders. Aber eines bleibt gleich: Niemand kann in unsere Haut schlüpfen und uns das Schicksal abnehmen. Von außen können immer nur Anregungen und Hinweise kommen. Wir selbst bestimmen, was wir uns aus den vielen Angeboten herauspicken. In jedem Fall sind immer Respekt, Zurückhaltung bei Tipps und Vor-SCHLÄGEN angebracht. Jede Krise bietet auch die Chance für einen Richtungswechsel; oder wie Max Frisch gesagt hat: „Eine Krise kann ein produktiver Zustand sein. Man muss ihr nur den Beigeschmack der Katastrophe nehmen."

TIPP 78

FRANZ LANDERL

Wie geht man mit einer Hiobsbotschaft um?

In jedem Schicksalsschlag steckt eine neue Chance

Wir kennen alle Situationen, wo scheinbar von einer Sekunde auf die andere nichts mehr so ist, wie es vorher war. Wie ein Blitz aus heiterem Himmel schlägt sie ein. Eine Hiobs-botschaft hat uns erreicht, etwa als Diagnose einer bedrohlichen Krankheit, Tod eines Angehörigen, Umzug ins Altersheim, Unfall eines Bekannten oder Verwandten oder Arbeitsplatzverlust – Situationen, auf die wir nicht vorbereitet oder nicht eingestellt sind. Sie reißen uns aus dem Alltagstrott und werfen uns oftmals aus der Bahn. Wir wissen nicht, wie wir nun mit dieser Veränderung umgehen sollen, wir fühlen uns überfordert und hilflos.

Das ist völlig normal. Das sind Situationen, in denen wir besonders dünnhäutig sind. Wir dürfen in diesen Situationen mit dem Schicksal hadern, wir dürfen klagen und fragen, warum gerade uns diese Situation trifft. Wir dürfen auch das Nicht-wahrhaben-Wollen ausdrücken, ein Stück weit diese Realität auch leugnen. Ängste, Hoffnungslosigkeit und Unsicherheit, Wut oder Selbstzweifel dürfen sein. Wichtig ist dann aber, nach Lebens- und Lösungsmöglichkeiten zu suchen und Wege aus dieser Situation zu finden.

Chancen erkennen

Ich möchte das Schwere nicht leichtfertig wegreden, aber in jeder Krise, in jeder Unausweichlichkeit, in jedem unverständlichen Schicksalsschlag steckt eine neue Chance – auch wenn das zunächst sarkastisch und unglaublich klingen mag. Krisen reißen uns aus der Gleichgültigkeit und vielleicht lernen wir,

- andere Prioritäten im Leben zu setzen.
- unsere Zeit besser einzuteilen.
- das Leben, den Alltag wieder mehr zu schätzen.
- dass wir uns weniger wichtig nehmen.
- andere mehr zu akzeptieren.
- den Partner und die Freunde wichtiger zu nehmen.
- zum Glauben zu finden.
- dass der Sinn des Lebens ein anderer ist.

Was kann dabei helfen?

- Machen Sie sich hoffnungsvolle Gedanken! Die Verzweiflung wird umso größer, je schlimmer Sie die Krise bewerten.
- Erinnern Sie sich an Situationen, die Sie bewältigt haben! Was hat Ihnen damals Kraft gegeben? Was haben Sie sich damals gesagt?
- Suchen Sie nach Menschen, die ein ähnliches Schicksal gemeistert haben! Etwa Selbsthilfegruppen, denn für viele ist es tröstlich, Menschen zu treffen, die etwas Ähnliches erlebt haben.
- Wenden Sie sich an Menschen, mit denen Sie über Ihre Situation sprechen können! Manchmal steigern wir uns in eine Situation so hinein, dass wir unsere Objektivität verlieren. Wir übertreiben das Ausmaß der vermeintlichen Katastrophe. Andere Menschen können uns helfen, wieder geerdet zu werden, wieder auf den Boden der Tatsachen zu kommen. Es tut auf jeden Fall gut, uns auszusprechen.
- Vielleicht ist auch ein Tagebuch, dem Sie Ihre Gedanken und Erfahrungen anvertrauen, eine gute Möglichkeit.
- Lesen Sie Bücher, in denen Sie Trost und Hoffnung finden! Die einen lesen in einer Lebenskrise psychologische Ratgeber oder Biografien, andere lesen Gedichte oder die Bibel.
- Leben Sie von Tag zu Tag! „Age quod agis", sagten die Lateiner: „Eins nach dem anderen." Heute kann ich es schaffen. Was kann ich heute für mich tun?

*Fachbegriff „Hiobsbotschaft"

Der Ausdruck ist abgeleitet von der biblischen Erzählung im Alten Testament über den wohlhabenden und frommen Hiob, dessen Vertrauen in Gott durch Leiden auf die Probe gestellt wird. Die Geschichte beginnt – nach einem Vorspiel im Himmel – damit, dass unmittelbar nacheinander vier Boten bei Hiob eintreffen, die ihm berichten, dass er durch Kriegs- und Naturkatastrophen seine Viehherden, seine Knechte und schließlich seine Söhne und Töchter verloren habe.

Wenn uns ein Schicksalsschlag trifft, tut es einfach gut, jemanden zu haben, der einem zuhört. Doch hören wir überhaupt noch gut zu? Und was macht einen guten Zuhörer aus?

TIPP 79

ESTHER LEHERMAYR

Die Kunst des Zuhörens

zeigt sich darin, ohne dazwischenzureden achtsam zu lauschen

Kennen Sie dieses Gefühl, wenn Sie reden und Ihr Gegenüber hört Ihnen nicht richtig zu? Oder Sie können nicht zu Ende sprechen, weil ständig jemand dazwischenredet? Das ist unangenehm, man fühlt sich nicht respektiert und wertgeschätzt. Dass viele Menschen nicht mehr achtsam miteinander kommunizieren können, hat auch damit zu tun, dass immer öfter E-Mails oder Textnachrichten via Smartphone verschickt werden. Das direkte „Face-to-Face"-Gespräch und das Zuhören werden damit seltener. Und wenn, dann ist es eine Gesprächskultur des Dazwischenredens oder wir reden aneinander vorbei. Hingegen ist ein guter Zuhörer jemand, der offen bleibt und nicht wertet. Mit einer Präsenz, die sich in wacher Aufmerksamkeit zeigt, geht er auf den Gesprächspartner ein. Er bleibt mit sich selbst in Kontakt, sonst läuft er Gefahr, sich im Gespräch zu verlieren. Es lohnt sich auch im Alltag, von Zeit zu Zeit sich selbst beim Reden zuzuhören und darauf zu achten, wann man etwas leichtfertig dahinsagt oder vorschnell Versprechungen macht. Dem Klang der eigenen Stimme zu lauschen, kann eine völlig neue Art des Hörens und Zuhörens bewirken.

Achtsam zuhören

Wache Kommunikation beginnt mit dem Hören, man kann auch sagen mit dem „Lauschen". Lauschen beinhaltet für mich eine uneingeschränkte Aufmerksamkeit auf das gesamte Informationsfeld des Sprechers, das Worte, Gestik, Mimik, Ausdrucksweise und Körperhaltung einschließt. Es ist ein Hören, das nicht nur über den Gehörsinn erfolgt, sondern mit einer intuitiven Wahrnehmung verbunden ist. Das ermöglicht mir, über das bloß Gesagte hinaus Informationen aufzunehmen. Diese Qualität des Zuhörens kann bei Unentschlossenen bewirken, dass sie auf einmal genau wissen, was sie wollen, oder dass Bedrückte zuversichtlich den nächsten Schritt wagen.

Stille als Antwort

Das Angebot eines urteilsfreien Raumes ermöglicht emotionales Wachstum bei Klienten und gibt ihnen Halt. Es ist zwar eine Herausforderung, nicht sofort etwas zu entgegnen, sondern eine Frage zunächst im Raum stehen zu lassen, dies geschieht aber im Vertrauen darauf, dass die Klienten in diesem sprachfreien Zeitraum eine Antwort aus sich selbst heraus entdecken können. Das führt immer wieder zu erstaunlichen Ergebnissen, und so entstehen Selbstwirksamkeit und Eigenkompetenz. Früher habe ich schnell mal Zwischenfragen gestellt, um zu klären, zu ordnen und auf den Punkt zu kommen, weil Klienten manchmal sehr chaotische Situationsbeschreibungen von sich geben. Wenn ich aber zu voreilig „meine" Struktur in der Beschreibung einfordere, kann es passieren, dass ich die Klienten um ihr Erlebnis bringe, selbst einen Spürsinn für die ganz individuelle Vorgangsweise zu entwickeln.

Zuhören kann man üben

Wenn einem nicht zugehört wird, fühlt man sich übergangen. Es scheint, als ob man nichts Interessantes zu sagen hätte. Es ist auf alle Fälle nicht wertschätzend und kann auch demütigend sein. In jedem von uns gibt es ein Sehnen danach, gehört zu werden! Dazu gibt es eine Übung, die das aufmerksame Zuhören fördert: Sie vereinbaren mit dem Gesprächspartner, dass der Sprecher für zehn Minuten nicht unterbrochen wird und dass keine Zwischenfragen oder Bemerkungen erlaubt sind. Der Sprecher hat mehr Zeit als üblich, in sich zu gehen, was er noch zum Ausdruck bringen möchte. Für den Zuhörer kann es sehr befreiend sein, keine Antwort parat haben zu müssen und in der reinen Beobachterposition zu bleiben. Dann wechselt man die Rollen, um sich anschließend darüber auszutauschen, wie es einem in der jeweiligen Position ergangen ist.

Was heißt achtsame Kommunikation?

Den anderen nicht von meiner Ansicht überzeugen zu wollen, erscheint mir ein wesentlicher Punkt für achtsame Kommunikation. Zuhören mit Offenheit und ohne Vorverurteilungen erweitert das Verstehen. Je mehr wir verstehen, umso weniger Angst haben wir. Je weniger Angst wir haben, umso mehr vertrauen wir. Je mehr wir vertrauen, desto offener gehen wir auf andere zu. Das ist in unserer derzeitigen gesellschaftlichen Situation enorm wichtig.

Intuition – auf die innere Stimme hören

Ich beobachte eine Tendenz, mehr in sich hineinzuhorchen. Allerdings ist das Vertrauen in die Intuition noch wenig ausgeprägt, weil die Unterscheidung zwischen Verstelltem und Natürlichem nicht immer einfach ist. Die Selbstwahrnehmung sollte so geschult werden, dass man mit der inneren Weisheit in Kontakt kommt. Man kann lernen, die authentische Stimme immer deutlicher zu hören, ihr zu vertrauen und damit mehr Sicherheit und Leichtigkeit in der Beantwortung von Lebensfragen zu entwickeln. Die innere Stimme führt uns wie ein Kompass und weist uns so den Weg zu unserer persönlichen Lebensaufgabe und zu mehr Freude und Erfüllung. Auf die innere Stimme zu hören, heißt in erster Linie, sich selbst zu erhören!

Übrigens ist die Bedeutung des Zuhörens dadurch aufgewertet worden, dass ihm ebenfalls ein Tag gewidmet wurde, nämlich der 18. Juli.

Wenn wir unserem ratlosen Gegenüber gut zuhören, kann das bewirken, dass dieser auf einmal genau weiß, was er will. Auch bei Ängstlichen kann Zuhören dazu führen, dass sie den nächsten Schritt wagen.

TIPP 80

HELGA GUMPLMAIER

Die Angst in uns

Angst ist hilfreich, wenn sie nicht übermächtig wird

Angst ist etwas Urmenschliches und nicht per se schlecht. Doch sobald sie die Lebensqualität eines Menschen einschränkt, besteht Handlungsbedarf.

Flüchtlinge, Kriege, Anschläge, Zukunftsängste: Viele Menschen fühlen sich dadurch unsicher, leben sogar in Angst. Doch wie real ist die Bedrohung tatsächlich? Oder ist es lediglich ein subjektives Empfinden und schränkt es die eigene Lebensqualität somit unbegründet ein?

Wirkliche oder geschürte Ängste

Man muss zwischen real begründeten und diffusen Ängsten unterscheiden. Nachrichten über Katastrophen, Vergewaltigungen oder Anschläge werden uns jeden Tag frei Haus ins Wohnzimmer geliefert. Hinzu kommen die sozialen Medien, in denen alles ungefiltert auf uns einprasselt. Wer sich nicht bewusst damit auseinandersetzt und darüber reflektiert, dem kann das durchaus Angst machen, selbst wenn diese Bedrohung in der Realität gar nicht besteht. Tatsachen und Fakten können wieder mehr Lebensqualität schaffen. Natürlich, Angst ist als Instinkt noch aus Urzeiten in uns verankert. Nur muss man sich vor Augen halten, dass Österreich punkto Sicherheit den hervorragenden dritten Platz in der Welt einnimmt. Leider verhallt dieses Faktum ungehört, wenn Menschen bereits angstbesetzt sind. Die realen Bedrohungen sind bei uns wesentlich geringer, als uns Bilder aus Fernsehen, Zeitungen und sozialen Medien suggerieren. Aber bei Angst sagt unser Urinstinkt: Flucht in einen sicheren Raum! Früher war das die Höhle, heute ist es unser Haus, in dem wir uns einigeln und das wir mit Sicherheitsschlössern und Videoüberwachungssystem ausstatten.

Durch Medien verfälschte Wirklichkeit

Manche Dinge, wie das aktuelle Weltgeschehen, lassen sich nur schwer beeinflussen. Um sich besser und sicherer zu fühlen, sollte man sich mit seinen Ängsten beschäftigen und prüfen, ob diese denn wirklich begründet sind. Ist mir tatsächlich schon einmal etwas passiert? Oder sind es vielleicht nur die Bilder aus dem Fernsehen und die Meldungen in den sozialen Netzwerken, die diese diffuse Angst in mir wecken? Hilfreich dabei sind Tatsachen und Fakten. Österreich ist das drittsicherste Land der Erde. Manche Menschen fahren in Länder auf Urlaub, in denen die reale Bedrohung – in Zahlen gemessen – viel größer ist als in Österreich, fürchten sich dort aber nicht. Wenn man sich seiner Angst stellt, sie anspricht, bewusst darüber reflektiert, belastende Nachrichten kritisch hinterfragt und vielleicht auch einmal einen Perspektivenwechsel vornimmt, kann man viel erreichen.

Auf eigene Stärken vertrauen

Angst entsteht oft aus dem Gefühl der Ohnmacht. Wenn man das Gefühl hat, nichts dagegen tun zu können, sollte man sich auf seine eigenen Stärken und Ressourcen besinnen. Wenn man sich bewusst macht, was man im Leben schon alles bewältigt hat, verändert sich sehr viel. Dann gibt es noch die blockierenden Glaubenssätze. Unser Gehirn unterscheidet nicht zwischen realen und vorgestellten Situationen. Als Folge landen wir oft in einer Denkspirale von „Was wäre, wenn …?". Wenn ich denke, dass die Welt gefährlich ist, setzt das einen Kreislauf von negativen Gedanken in mir in Gang. Wenn man beginnt, Glaubenssätze zu hinterfragen, kann man gleichzeitig Raum für neue Gedanken schaffen und neue Denk- und Verhaltensmuster ausprobieren. Jeder Mensch trägt auch die Lösung in sich.

Klare Informationen helfen uns, Ängste erst gar nicht aufkommen zu lassen oder bestehende abzubauen. Leidet jemand etwa an Osteoporose und traut sich aus Angst vor Knochenbrüchen nicht mehr, sich zu bewegen, ist er eingeladen, die Informationen und Tipps auf den nächsten Seiten zu lesen.

WELTOSTEOPOROSETAG, 20. OKTOBER

Zunächst einige Daten und Fakten zu Osteoporose: Diese Krankheit macht Knochen anfälliger für Brüche und gilt als die verbreitetste Alterserkrankung der Knochen.

Das typische Krankheitsbild ist dabei die Abnahme von Knochendichte und -struktur, was durch den starken Abbau der Knochensubstanz zu einer erhöhten Frakturanfälligkeit führt. Im schlimmsten Fall betrifft dies das gesamte Skelett. Dementsprechend wird die Krankheit umgangssprachlich auch als Knochenschwund bezeichnet.

Die Knochenmasse nimmt etwa in den ersten dreißig Lebensjahren zu, erreicht dann einen Höhepunkt und nimmt in den späteren Lebensjahren langsam wieder ab. Osteoporose entsteht meist aufgrund einer unzureichenden Knochenbildung in jungen Jahren und/oder eines beschleunigten Abbaus in späterer Zeit.

Folgeerscheinungen der Osteoporose sind, wenn sie nicht rechtzeitig erkannt und behandelt wird, neben den erwähnten Knochenbrüchen auch chronische Schmerzen, Einschränkung der Mobilität und daraus resultierend die Pflegebedürftigkeit. Inzwischen kann der fortschreitende Krankheitsverlauf aber durch eine Kombination von Medikamenten und Bewegungstherapie behandelt bzw. verhindert werden.

Weltosteoporosetag ist der 20. Oktober. Er wurde 1996 von der National Osteoporosis Society (NOS) in England ins Leben gerufen. Die Idee hierzu stammt von der Medizinerin Linda Edwards, die sich weltweit um das Thema Osteoporose bemüht hat. Die WHO anerkennt diesen Aktionstag seit 1998.

Damit möchte man einer breiten Öffentlichkeit die vorhandenen Früherkennungsmaßnahmen und wirksamen Behandlungsmöglichkeiten durch Aufklärungsarbeit und Information näherbringen.

Seit 1999 steht der Tag in jedem Jahr unter einem anderem Motto, das auf einen Aspekt der Gefährdung, an Osteoporose zu erkranken oder eine Erkrankung zu erkennen oder zu vermeiden, hinweist.

ANDREA HÜTTHALER

Knochen brauchen beides: Druck und Zug

Der Osteoporose mit regelmäßiger Bewegung ein Bein stellen

Wie das Skelett beschaffen ist, hängt von vielen Faktoren ab: von der genetischen Disposition, von der Ernährung, vom Rauchen, vom Tageslicht, aber auch von sportlicher Aktivität. Mit zunehmendem Alter nimmt die Knochendichte ab. Aber man kann etwas dagegen tun.

Zwischen dem 20. und 30. Lebensjahr haben beim Menschen die Knochen die höchste Dichte erreicht. Wer als Kind viel hüpft, läuft und springt, bildet ausreichend Knochenmasse. In der Pubertät wachsen die Knochen stark, danach hat der Mensch sein maximales „Knochenkonto" angelegt.

Knochendichte anregen

Körperliche Aktivität wird als „Anreiz" für die Bildung von Knochensubstanz gebraucht. Fehlt dieser Anreiz, so wie das bei Raumfahrern in der Schwerelosigkeit der Fall ist, entkalken die Knochen relativ schnell. Die Muskulatur bildet sich zurück. Im Umkehrschluss sollte somit körperliche Aktivität die Knochendichte erhöhen. Tatsächlich haben aktive Sportler um gut zehn Prozent höhere Werte.

Bewegung wirkt bei Knochenschwund, der Osteoporose, sowohl vorbeugend als auch im Rahmen der Therapie. Leidet man bereits unter Osteoporose, ist ein Bewegungsprogramm, das die Muskulatur kräftigt sowie Leistungsfähigkeit, Beweglichkeit und Gleichgewicht fördert, ideal. Betroffene sollten mindestens zwei Mal pro Woche ein maßgeschneidertes Krafttraining absolvieren. Günstig ist es, mit Gewichten wie Hanteln und/oder an Geräten in Fitnessstudios zu üben, da sich der Zug und Druck dieser Gewichtsbelastung positiv auf den Knochenstoffwechsel auswirken.

Geschüttelt – nicht gerührt

Um Knochenschwund und Muskelabbau entgegenzuwirken, kann man regelmäßig auf einer Vibrationsplatte, der Power Plate, trainieren. Vibrationstraining wird auch „biomechanische Stimulation" genannt. In der Physiotherapie hilft es in der Bewegung eingeschränkten und bettlägerigen Personen.

Neben den mechanischen Geräten kann Kraft ebenso mit dem eigenen Körpergewicht trainiert werden. Auch hier helfen Druck und Zug, dem Knochendichteabbau Paroli zu bieten. Gleichzeitig werden die Koordination und das Gleichgewicht verbessert. So wird im Alter das Sturzrisiko herabgesetzt und Knochenbrüchen vorgebeugt. Ferner verbessert regelmäßiges Training die Haltung. Der Mensch gewinnt im Alltag ein Mehr an Sicherheit, was die Lebensqualität enorm verbessert.

Füllen Sie Ihr Knochenkonto mit richtiger Bewegung und passender Ernährung, wie im nächsten Tipp angeführt, auf!

TIPP
82

EVA FAUMA

Ersetzt Vitamin-D-Gabe tierische Nahrung?

Fisch, Fleisch, Ei und Licht liefern dieses Prohormon

Jetzt kommt sie wieder, die lichtarme Zeit – und mit ihr die Verunsicherung, ob unser Körper dann noch genug Vitamin D bilden kann. Bereits unsere Babys werden anfangs mit diesem medizinischen Sonnenersatz versorgt. Ist jedoch mit zunehmendem Alter eine Vitamin-D-Gabe wirklich notwendig?

Vitamin D ist wichtig

Dazu empfiehlt die Deutsche Gesellschaft für Ernährung: Vitamin D fördert die Aufnahme von Kalzium* aus dem Magen-Darm-Trakt sowie die Härtung des Knochens. Es hat Einfluss auf die Muskelkraft, reguliert den Kalzium- und Phosphatstoffwechsel und baut auch Hormone wie Adrenalin und Cortison im Körper auf. Körpereigene Vitamin-D-Vorstufen werden unter dem Einfluss von ultraviolettem Licht in der Haut aktiviert. Im Gegensatz zur körpereigenen Bildung hat die Vitamin-D-Zufuhr über die Ernährung nur einen relativ geringen Anteil an der Vitamin-D-Versorgung. Und dennoch sind ergänzende Vitamin-D-Präparate der absolute Hype in der medizinischen Vorbeugung.

Laut gängiger Medizin leiden wir merklich an einem Vitamin-D-Mangel. Egal, wie viel Sonne im Jahr scheint, die Tropfen werden verschrieben.

Ernährungstrends hinterfragen

Es verblüfft mich, was nicht alles in den letzten Jahrzehnten vermeldet wurde. Der Schweinsbraten sei eine Cholesterinbombe, die Butter gehöre ohnedies gestrichen, Eier bitte nur in geringsten Mengen und Milch verschleime uns sowieso. Kein Wunder, wenn wir teure Vitamin-D-Tropfen einnehmen, denn sowohl das Cholesterin im tierischen Fett als auch der Eidotter wären für unsere körpereigene Vitamin-D-Produktion notwendig. Butter und Käse ebenso. Zugleich wäre die Milch ein direkter Vitamin-D-Spender – ist aber tabu. Wir trinken laktosefrei oder gleich Sojamilch. Der fette Fisch hätte einen hohen Anteil an Vitamin-D-Verbindungen. Doch für den gesundheitsbewussten Schlank-Esser gilt er als No-Go, zudem wisse man ja auch nie, woher er komme.

Dotter für Vitamin-D-Produktion

Wen wundert's, wenn alle verwirrt sind und sich folglich die hochpreisigen Tropfen zuführen müssen, um gesund zu bleiben. Mein Vorschlag: Eine vernünftige, ausgewogene Ernährung und Bewegung an der frischen Luft, vorausgesetzt man ist körperlich dazu in der Lage. Bei passender Temperatur genügt es, sich für rund eine Viertelstunde zu Mittag kurzärmelig im Tageslicht aufzuhalten. Im Zweifelsfall kann man seinen Vitamin-D-Gehalt einfach bestimmen lassen.

*Fachbegriff „Kalzium"

Kalzium (auch Calcium) ist ein wichtiger Mineralstoff für den Knochenstoffwechsel und für die korrekte Funktion von Enzymen. Der Körper benötigt Kalzium, damit Herz, Nieren und Lungen richtig arbeiten können. Kalzium spielt unter anderem auch eine wesentliche Rolle für Muskeln, Nerven und die Blutgerinnung.

Diätologen und Ernährungswissenschafter mit Gewerbeschein helfen Ihnen, sich im dichten Dschungel der Falschmeldungen zurechtzufinden und einen vernünftigen Ernährungsplan zu erstellen. Eine erste Inspiration finden Sie in den folgenden Rezepten.

TIPP 83

So stärken Sie Ihren Kalzium-Haushalt

Kalziumreiche Rezepte bauen die Knochen auf

EVA FAUMA

Brokkoli-Lachs-Torte

Rezept für 4 Personen

Zutaten:

300 g Mehl
200 g Butter
Salz und weißer Pfeffer
5 Eier
650 g Brokkoli
400 g Lachsfilet
2 EL Zitronensaft
250 ml Milch
100 g Schlagobers
Dill zum Garnieren

Zubereitung:

Mehl, kalte Butter, ½ TL Salz und 1 Ei zu einem glatten Teig verkneten, zugedeckt 30 min
kühl rasten lassen.

Brokkoli putzen, waschen und in Röschen teilen, in kochendem Salzwasser ca. 8 min
garen. Abgießen, abschrecken und abtropfen lassen.

Lachs waschen, trocken tupfen und in ca. 2 cm große Würfel schneiden.

Mit Zitronensaft beträufeln.

Boden einer Springform (26 cm Durchmesser) mit Backpapier auslegen, zwei Drittel des
Teiges darauf ausrollen und mit einer Gabel mehrmals einstechen.

Restlichen Teig zu einer Rolle formen und als ca. 4 cm hohen Rand in die Form drücken.

Brokkoli und Lachs in die Form füllen.

Milch, Schlagobers und 4 Eier verquirlen, würzen und über die Fülle gießen.

Im heißen Backofen (Umluft, bei 175° C) ca. 1 Stunde backen.

Torte in vier Stücke teilen, auf Tellern anrichten und mit Dill garnieren.

OSTEOPOROSE SELBSTHILFEGRUPPE LINZ

Käselaibchen mit Joghurt-Dip

Rezept für 4 Personen

Zutaten Käselaibchen:

250 g gekochte Kartoffeln

250 g geriebenen Käse (Gouda, Edamer, Emmentaler)

3 Eier

4–5 EL Haferflocken

Salz, Muskatnuss, Petersilie

Öl zum Backen

Zubereitung:

Kartoffeln und Käse grob reiben und mit den übrigen Zutaten vermengen,
Laibchen formen und in Öl herausbacken.

Mit Joghurt-Dip und Blattsalaten servieren.

Joghurt-Dip:

Joghurt mit etwas Sauerrahm vermischen, Salz, Gewürze nach Belieben
und eventuell Knoblauch zugeben und gut verrühren.

NOVEMBER

Der große deutsch-österreichische Dichter Rainer Maria Rilke (1875 – 1926) beschreibt auf seine unnachahmliche Art auch den November:

Kalter Herbst vermag den Tag zu knebeln,
seine tausend Jubelstimmen schweigen;
hoch vom Domturm wimmern gar so eigen
Sterbeglocken in Novembernebeln.

Damit drückt er schon aus, was uns in diesen Tagen beschäftigt: Die Tage werden kürzer, Nebelschwaden umhüllen so manchen Ort. Das Vergehen, Absterben, Dunklerwerden ist nicht zu leugnen. So fallen in die ersten Tage dieses Monats in der christlichen Kultur auch der Gräbergang zu Allerheiligen/Allerseelen und das Erinnern. Diejenigen werden gewürdigt, die den irdischen Weg bereits gegangen sind und nun in einer anderen Welt ihre Heimat gefunden haben.

Es lastet etwas Schweres auf diesen Tagen. Verstärkt durch die zunehmende Finsternis bricht so manche alte Wunde auf, die vielleicht noch nicht verheilt, verarbeitet oder in den Lebensalltag eingeordnet wurde. Auch Trauer, Schmerz und Leid dürfen sein, müssen sogar sein, damit man aus solch schweren Situationen wieder gestärkt hervorgeht.

GERLINDE STROPEK

Wie lange bleibt Trauer noch ein Tabu?

Lassen wir dieses Gefühl zu, werden wir bereit für einen Neubeginn

Jetzt vor Allerheiligen wird für viele Betroffene Trauer wieder zum Thema. Speziell dann, wenn wir jemand Liebgewonnenen verloren haben, sei dies der Tod eines nahen Angehörigen, eines Freundes oder eines Tieres. Auch die Trennung von einem Partner kann Trauer hervorrufen, die uns psychisch wie physisch in eine Krise führt.

Anfangs ist der Schock

Trauer wird in unserer Gesellschaft meist nur mit Tod und Sterben in Verbindung gebracht, wo es um die Bewältigung und Verarbeitung des seelischen Schmerzes geht. Hinter diesem Wort steckt aber noch viel mehr: Trauer beinhaltet die Zeit des Abschiednehmens und Loslassens. Das kann die Verabschiedung von jenen Lebensphasen sein, die wir selbst durchschreiten. Oder wir betrauern als Elternteil die Trennung von den Kindern, wenn sie eigene Wege gehen. Auch wenn der Mittelpunkt unseres Lebens verloren geht, wie etwa bei der Zerstörung eines Hauses durch eine Katastrophe, kann uns das starken seelischen Schmerz zufügen.

Dann folgen Wut und Frust

Die Art, wie Betroffene trauern, ist unterschiedlich. Am Anfang befinden sie sich in einem Schockzustand, in dem sie wie gelähmt sind und das Geschehene noch nicht realisieren können. Sie fühlen sich leer, ihre Gedanken kreisen immer um das, was passiert ist. Sie fragen sich „Warum" und bekommen keine Antwort. Es können Gefühle der Wut aufkommen. Manche „vergraben" sich in ihre Arbeit aus Angst davor, den Schmerz nicht ertragen zu können. Andere wiederum ziehen sich völlig zurück. Gerade nun ist es wichtig, Emotionen etwa durch Weinen zuzulassen und zu erleben. Denn so werden wieder Energien frei, die zur Verarbeitung des Verlustes notwendig sind. In dieser Phase ist das DASEIN einer vertrauten Person gut, die sich einem zuwendet, sich Zeit nimmt, aber nicht aufdrängt. Wenn sich Angehörige oder Freunde damit überfordert fühlen, kann man sich Hilfe bei psychologischen Beratern holen, die professionell ausgebildete Trauerbegleiter sind. Manche schließen sich einer Trauergruppe an.

Dauer der Trauer

Oft wird mir in meiner Praxis die Frage gestellt: Wie lange dauert diese Trauer noch? Darauf gibt es keine allgemeingültige Antwort. Jeder Mensch erlebt Trauer anders. Für manche dauert sie Jahre oder hört nie auf, etwa, wenn Eltern ein Kind verlieren. Wenn Trauer jedoch zugelassen und „gelebt" werden darf, dann ist das förderlich. Man wird bereit für einen Neubeginn, organisiert sich um und setzt sich andere Ziele.

Trauer beinhaltet die Zeit des Abschiednehmens und Loslassens. Das sind Fähigkeiten, die man in vielen Lebensbereichen brauchen kann. Um dies zu lernen, hier ein paar Empfehlungen:

TIPP 85

GERLINDE STROPEK

Loslassen kann man lernen

Wer Altlasten zum Jahresende weggibt, schafft Platz für Neues

Viele Menschen tun sich schwer damit, loszulassen – seien es kleine Dinge, die sich in jeder Wohnung finden, oder auch seelischer Ballast, der sich im Lauf der Jahre ansammelt. Doch warum fällt es vielen Menschen schwer, sowohl äußerlich wie auch innerlich zu entrümpeln?

Brauche ich das noch?

Das fängt ja schon bei so banalen Dingen wie dem Ausmisten des Kleiderschrankes an. Oft ist es so, dass wir mit den Kleidern etwas Vertrautes oder auch Erinnerungen verbinden. Es sind liebgewonnene Dinge, die zwar keinen Sinn mehr haben, die wir aber trotzdem nur ungern weggeben. Beim Ausmisten des Kleiderschrankes kommt dazu, dass man glaubt, die blaue Bluse oder die alte Jeans ja vielleicht doch noch irgendwann zu brauchen. Was im Übrigen so gut wie niemals der Fall ist!

Kleiderschrank ausmisten

Wichtig ist, sich Zeit dafür zu nehmen – etwa an einem Wochenende, wenn Schlechtwetter angesagt ist. Räumen Sie alle Kleidungsstücke heraus und probieren Sie, was noch passt und was nicht. Dinge, die Sie ausmisten, sollten Sie übrigens gleich einpacken und auch wirklich entsorgen. Wenn es Ihnen besonders schwerfällt, sich von einem liebgewonnenen Stück zu trennen, empfehle ich, sich in einem Abschiedsritual für die guten Dienste, die es geleistet hat, zu bedanken und gleichzeitig zu sagen, dass nun Zeit für etwas Neues ist. So können Sie Ihre Wohnung oder das Haus Schritt für Schritt entrümpeln und sichtlich eine Erleichterung spüren!

Regelmäßig entrümpeln

Nur wenn ich mich von Altem verabschieden und es loslassen kann, schaffe ich damit auch Platz für Neues. Außerdem tut es Geist und Seele gut, weil ich mich danach einfach auch leichter und befreiter fühle. Der Jahreswechsel ist übrigens ein sehr guter Zeitpunkt, um Ballast abzuwerfen und Platz für Neues zu schaffen. In Beratungen bekommen Klienten den nötigen Schutz, etwas loslassen zu dürfen.

Etwas wegzugeben, erzeugt oft ein schlechtes Gewissen, besonders wenn Erinnerungen damit verknüpft sind oder es sich um Dinge handelt, die einmal einen besonderen Wert – sowohl ideell als auch finanziell – hatten.

Doch man kann auch ohne schlechtes Gewissen etwas liebevoll weggeben. Ich darf auch traurig sein, wenn ich zum Beispiel die Spielsachen der Kinder, die mittlerweile im Teenageralter sind, weggebe. Das gehört zu einem Abschied dazu. Außerdem kommt hier noch etwas anderes Grundlegendes dazu: das stückweise Loslassen der Kinder, wenn sie älter werden. Womit sich besonders Mütter oft schwertun!

Erinnerungen kommen in eine Schatzkiste

Wenn man es nicht schafft, alles wegzugeben, darf man gewisse Stücke auch aufheben. Dinge, an denen man besonders hängt, kann man zum Beispiel in einer Erinnerungs- oder Schatzkiste verwahren. Nur sollte man nicht alles aufbewahren! Auch das Kinderzimmer darf – je nachdem, wie alt die Kinder beim Auszug sind, und nach Absprache – verändert und neuem Nutzen zugeführt werden.

Schlechte Gedanken loslassen

Ballast sammelt sich allerdings nicht nur im Außen an, sondern auch in unserem Inneren. Wir horten positive wie auch negative Gedanken aus der Vergangenheit. Hier soll man alles „entrümpeln", das sich schlecht auf die Psyche auswirkt. Als Einstieg biete ich dafür zum Beispiel eine Entspannungsübung an, in der es ums Loslassen geht. Wir verabschieden uns bewusst von Dingen, wie festgefahrenen Gewohnheiten, alten Gefühlen oder Verhaltensmustern, die wir nicht mehr brauchen, packen sie in eine Kiste und schicken diese fort. Solche Dinge aufzugeben, ist oft Schwerarbeit, jedoch lohnt es sich wirklich.

Schon bald spürt man die Erleichterung und merkt, dass sogar manch körperliche Beschwerden, wie Kopf- oder Rückenschmerzen, leichter werden.

Raus aus dem Pensionsloch

Rechtzeitiges Loslassen spielt auch bei neuen Lebensabschnitten eine Rolle, wie etwa bei der Pensionierung oder wenn die Kinder aus dem Haus sind. Oft fallen Menschen dann in ein tiefes Loch. Frauen betrifft das häufig in der Lebensmitte, wenn die Kinder das Haus verlassen und sie sich wieder mehr auf sich selbst konzentrieren können – oder auch müssen. Es geht darum, neue Perspektiven zu schaffen und Sozialkontakte wiederaufzubauen, wenn diese zuvor vernachlässigt wurden. Auch der Abschied vom Berufsalltag, der Einstieg in die Pension, erfordert ein rechtzeitiges Loslassen. Ich muss mein Leben neu gestalten, um das Gefühl zu bekommen, gebraucht zu werden. Wer sich schwer damit tut, kann sich genau das bewusst machen und sich in einem Ritual davon verabschieden. Etwa, indem ich Dinge, die mich belasten, auf einen Zettel schreibe und diesen bewusst verbrenne. Dabei darf ich auch traurig sein, um mich danach zu freuen, dass es etwas Neues geben wird. Leichter wird das Loslassen übrigens, wenn ich mich mental darauf vorbereite, indem ich mir rechtzeitig ein soziales Umfeld durch einen Freundes- und Bekanntenkreis aufbaue!

Auszumisten und zu entrümpeln, fällt anfangs schwer, aber am Ende hinterlässt es ein gutes Gefühl. Genauso mühsam ist es oft, sich zum Sport aufzuraffen, obwohl wir wissen:

TIPP 86

ANDREA HÜTTHALER

Das Gefühl danach ist einfach saugut!

Bewegung sorgt für körperliches und seelisches Wohlbefinden

Halten Sie es etwa mit Premier Winston Churchill und heften sich das geflügelte „no sports" an die Brust? Abgesehen davon, dass unklar ist, ob er diese Worte überhaupt gesagt hatte, betrieb Churchill viele Sportarten: In seiner Jugend war er erfolgreicher Kricketspieler, Mitglied einer Schwimmmannschaft, Fechter und bis ins hohe Alter pflegte er das Reiten. Sportmuffel müssen sich also eine andere Ausrede einfallen lassen.

Bewegung machen dürfen

Vielleicht sollten wir statt Sport „Bewegung" sagen und damit Stress aus der Sache nehmen! Der Alltag ist dicht genug, Sport soll kein Extratermin im reich gefüllten Kalender sein, sondern dabei helfen, Stress abzubauen. Denn durch Stress gerät die gesamte Muskulatur in Spannung. Manche Muskelgruppen, wie etwa die am Nacken, sind so angespannt, dass extreme Schmerzen entstehen können. Verschiedene Bewegungsformen und Entspannungsverfahren helfen, Stress und eine Einschränkung der Bewegung zu verhindern oder abzubauen. Denn für ein gutes Körpergefühl brauchen wir Beweglichkeit. Haben unsere Gelenke einen größeren Bewegungsradius und sind die Muskeln geschmeidiger, erleben wir ein hohes Maß an Leichtigkeit.

Warnsignale wahrnehmen

Und warten wir mit dem Bewegen nicht darauf, bis es uns andere anschaffen. Zu eng gewordene Jeans, Kreuzschmerzen und Atemnot nach zehn Stufen sagen uns deutlich, was zu tun wäre. Es lebt sich halt besser mit ein paar Kilos weniger, einem gestärkten Rücken und einem fitten Herz-Kreislauf-System.

Bewegung bereichert das Leben

Statistisch gesehen treiben die meisten Menschen Sport, um ihre Figur zu verbessern oder halten zu können. Und dann gibt's diejenigen, die einfach Spaß an der Bewegung haben. Die sich währenddessen und danach einfach sauwohl in ihrer Haut fühlen. Sie haben erkannt und erfahren, was es bedeutet, Zeit zu investieren und einen Mehrwert zurückzugewinnen. Dieser wäre: Gewicht zu verlieren, leichter abzuschalten und zu entspannen, nach großer Anstrengung schneller zu regenerieren, sich einfach wohler zu fühlen. Zusätzlich lässt sich die Natur genießen und macht es Spaß. Klingt nicht schlecht, oder?

Männer machen mehr Kraft- und Ausdauersport als Frauen, nutzen aber die Gesundheitsvorsorgeeinrichtungen weniger regelmäßig. Mehr Männer als Frauen sind übergewichtig, rauchen, konsumieren illegale Drogen und trinken zu viel Alkohol. Männer sterben rund fünf Jahre früher als Frauen.

War die Frage Mann und Gesundheit lange Zeit ein Randthema, beginnt auch das starke Geschlecht die Zeichen der Zeit zu erkennen. Wer sich um sich selbst kümmert, altert langsamer, bleibt lange fit und gesund, hat eine erfüllte Sexualität.

WELTMÄNNERTAG, 3. NOVEMBER

Auf den 3. November fällt der Weltmännertag. Der Aktionstag wurde als Men's World Day eingeführt. Ziel des Tages ist laut seinem Schirmherrn Michail Gorbatschow, dass Männer sich intensiv mit ihrer Gesundheit auseinandersetzen. Männer sollen über Gesundheitsthemen aufgeklärt werden, um diese besser zu verstehen.

Der Weltmännertag wurde von Andrologen der Universität Wien ins Leben gerufen.

Die Andrologie bezeichnet die Männerkunde. Erstmalig wurde der Weltmännertag im Jahr 2000 von der Gorbatschow-Stiftung, der Stadt Wien, der Medical Connection, den Vereinten Nationen und den Begründern der Universität Wien veranstaltet. Am Weltmännertag finden Aktionen statt, die beispielsweise über die Männergesundheit informieren und hierzu beraten.

TIPP 87

KLAUDIA LUX

Wer hat in der Partnerschaft die Hosen an?

Machtkampf gilt als Beziehungskiller

Alex ist spät dran, schon wieder. Er verdient gut und arbeitet viel – Haus, Urlaub und Zweitauto kosten. Sicher, Gabi könnte auch wieder arbeiten gehen. Kinder und Haus fremd zu organisieren ginge zwar, aber mit ihrem bescheidenen Verdienst als Wiedereinsteigerin rechnet sich das nicht.

Abhängigkeit engt ein

Also bleibt alles wie gehabt: Gabi sitzt im goldenen Käfig, Alex macht Karriere, und sie darf sich in seiner Sonne wärmen. Das sagt er zwar nicht, aber sie spürt es. Immer tiefer. Sie sitzt in der Falle. In einer Abhängigkeit, die sie erstickt. Innerlich macht sie ihn dafür verantwortlich. Äußerlich wird nur gestritten, aus nichtigem Anlass. Sie hasst sogar, wie er sich die Krawatte bindet.

Alex wiederum bemerkt zwar, dass Gabi so unzufrieden ist, weiß aber nicht warum. Hat sie doch ein Leben wie im Heimatfilm. Offenbar liebt sie ihn nicht mehr, Sex ist eine vernebelte Erinnerung.

Wie viel Macht ist normal?

Geredet wird nicht: Er, weil im Recht, will nicht schon wieder den ersten Schritt machen, und sie, weil auch im Recht, schon gar nicht. Ein offener Machtkampf, das beliebte Beziehungsmikado: Wer sich zuerst bewegt, verliert.

Wie fing alles an? Die Spielwiese für Machtkämpfe ist der Alltag. Wer bringt den Müll hinaus, wer die Kinder zur Musikschule? Wer entscheidet über den Urlaub? Macht ist die Fähigkeit, eigene Interessen durchzusetzen. Wer das kann, hat die Hosen an. Gekämpft wird auch subtiler: Klassiker sind der Entzug von Nähe oder den Kindern oder die Abschottung der Geldressourcen.

Auf Augenhöhe begegnen

Kleine Reibereien gehören dazu. Eine Beziehung in Balance erfordert eine Begegnung auf Augenhöhe. Setzt sich immer nur eine Seite durch, spielt sie auf einer schiefen Ebene. Jeder braucht sein eigenes, abgestecktes Reich – ob Freundeskreis, Hobby oder auch nur ein eigenes Konto. Die Macht, diesen eigenen Bercich durchzusetzen, ist daher wichtig für eine Beziehung.

Beidseitige Verletzung

Geraten aber grundlegende Eckpfeiler wie Treue, Nähe, Sex oder Vertrauen zwischen die Fronten des Machtkampfs, kann das nur zerstören: Das schwer verletzte Ego kämpft gegen die Übermacht des anderen, die Folge sind tiefe Wunden auf beiden Seiten.

Hier hilft eine Paarberatung, verdeckte Dominanz- und Macht-Dynamiken an die Oberfläche zu bringen. Paaren wird oft erst so der eigentliche Grund für bereits verhärtete Konflikte bewusst. Und damit auch der Grund für die Einöde im Schlafzimmer. Schließlich kann sich dort ja nichts tun, wenn einer immer die Hosen anbehält ...

Statt uns Machtspielen hinzugeben, bei denen alle nur verlieren, können wir es doch mit Wertschätzung probieren. Der amerikanische Humanist, Bestsellerautor und Unternehmensberater Dale Carnegie formuliert es so: „Wer mit Wertschätzung und Anerkennung spart, spart am falschen Ort."

FRANZ LANDERL

Die guten Seiten durch Lob befeuern

Wertschätzendes Handeln ist besser als abwertendes

Robbie Williams hat es wie schon oft im Negativen geschafft: Mit seinem „Stinkefinger" bei der Eröffnung der Fußballweltmeisterschaft 2018 hat er für einen Eklat und für Aufsehen gesorgt. Muss denn das sein! Haben wir nicht schon genug Stinkefinger? Die heranwachsende Generation braucht andere „Befeuerer": solche, die uns guttun.

Wie wäre es mit Wertschätzung? Jeder von uns sehnt sich nach Lob, Anerkennung und Wertschätzung. Ganz einfach deshalb, weil sie Motivation für unser Handeln sind. Wer einem Wertschätzung schenkt, in dessen Gegenwart fühlt man sich wohl.

Wertschätzung gelingt so:

Vertrauen: Begegnen wir dem anderen mit zumindest so viel Vertrauen, wie wir es selbst erwarten, dann können wir Gedanken wie diese vergessen: Der hat mich nicht gegrüßt; sie hat mich übersehen; er geht mir aus dem Weg. Machen wir den ersten Schritt auf andere zu, auch wenn wir dabei über unseren eigenen Schatten springen müssen.

Wohlwollender Umgang: Unterstellen wir dem Gegenüber, dass er sein Bestes versucht und seinen Beitrag zum Gelingen leistet. Vielleicht müssen wir dabei auch unseren eigenen Anspruch zurückschrauben.

Konstruktive Kritik: Bevor wir mit Killerfloskeln wie etwa „Wie oft muss ich das noch sagen?", „Das haben wir noch nie so gemacht" und „Schon wieder" loslegen, sollten wir kurz innehalten. Versuchen wir, uns in die Rolle des anderen hineinzuversetzen und lösungsorientiert zu denken. Dabei ist auch die richtige Mischung aus Nähe und Distanz überaus wichtig. Denn jeder Mensch empfindet seinen eigenen Freiraum als etwas Wesentliches.

Lächeln: Ein Lächeln und besonders miteinander zu lachen entspannt auf jeden Fall. Freundlichkeit schadet nie, wenn sie ehrlich und nicht aufgesetzt ist.

Sind wir „Befeuerer der Wertschätzung"? In unseren Partnerbeziehungen, im Umgang mit den Kindern, im Kommunizieren mit Mitarbeitern ebenso wie beim Bezahlen an der Supermarktkassa? Wir sind soziale Wesen, brauchen Bemerkungen, Anregungen, Hinweise von außen, damit wir uns orientieren können.

Es reicht nicht aus, Wertschätzung und Anerkennung nur einmal zu geben. Wir brauchen beides jeden Tag aufs Neue, denn „kleine Geschenke erhalten die Freundschaft". Also schenken wir Wertschätzung, jeden Tag!

Geben wir doch unserem Gegenüber ebenso viel Wertschätzung wie uns selbst. Seien wir nicht zu anspruchsvoll in dem, was wir von anderen und auch von uns selbst erwarten. Legen wir den Fokus auf das, was andere und wir bereits gut machen, nicht darauf, was noch besser laufen könnte. Auch unserem Körper gegenüber ist Wertschätzung dann gegeben, wenn wir ihn durch gute Vorbereitung dahin bringen, dass er uns im kommenden Winter sicher über Pisten und Langlaufloipen bringt.

TIPP 89

MANFRED SIMONITSCH

Für Wintersport ist gute Vorbereitung Pflicht!

Stimmen Kraft, Ausdauer und Beweglichkeit, dann kann's losgehen

Eislaufen, Skifahren, Langlaufen, Schneeschuhwandern oder Rodeln sind hierzulande beliebte Wintersportarten. Eine qualitativ hochwertige Vorbereitung garantiert die sichere Durchführung der sportlichen Aktivität. Und dann macht sie auch Spaß.

Sportliche Betätigung an der frischen kalten Luft ist von winterlichen Sinneseindrücken begleitet: Schnee knirscht, Pulverschnee staubt, Eis formt Skulpturen und die Sonne sorgt für ein unvergessliches Glitzern. Was braucht es, um all das wahrnehmen zu können? Ausdauer, Kraft und Beweglichkeit.

Grundlagen-/Ausdauertraining

Ein Herz-Kreislauf-Training erhöht Ihr Durchhaltevermögen, auch Ermüdungswiderstandsfähigkeit genannt. Es sorgt dafür, dass die Belastung durch die Höhenlage des Skigebietes oder die Laufbeanspruchung im Schnee bestmöglich bewältigt wird.

Eine gezielte Vorbereitung wäre es, sich zumindest drei- bis viermal wöchentlich durchgehend 45 bis 60 Minuten zu bewegen. Je nach Trainingszustand sollte das Ihre Kondition verbessern. Denn die kalte Luft, die erwähnte Höhenlage und die doch ungewohnte Bewegung stellen hohe Ansprüche an die Ausdauerleistung Ihres Körpers.

Krafttraining

Eine sehr gut trainierte Rumpf- und Körpermuskulatur schützt am besten vor eventuellen Folgen von Stürzen. Zusätzlich helfen Protektoren* für alle möglichen Körperteile. Mit wenigen Übungen, teilweise auch nur unter Einsatz des eigenen Gewichts, können Sie Ihren Körper schon effektiv auf die Belastungen von Skifahren und Co. vorbereiten. Starke Muskeln sorgen dafür, dass die Gelenke auch bei hoher Belastung geschont werden. Ganz nebenbei werden beim muskulären Training noch sogenannte Myokine ausgeschüttet. Das sind Muskelbotenstoffe, die auf verschiedene Krankheitsbilder wie etwa Diabetes Typ 2, Stoffwechselerkrankungen, Depressionen und viele mehr positiven Einfluss nehmen.

Beweglichkeitstraining

Bei den Wintersportarten verlassen Sie die gewohnten Bewegungsbahnen. Diese stellen neue, andere Herausforderungen an den Bewegungsapparat dar. Je beweglicher Sie sind und je vielfältiger Sie Ihre Gelenke und Ihren Bewegungsapparat verwenden, desto besser sind Sie auf die Anforderungen von Wintersportarten vorbereitet.
Es gibt nichts Gutes, außer man tut es! Beginnen Sie – wenn Sie nicht schon dabei sind – möglichst rasch mit der Vorbereitung auf den Wintersport. Ihr Körper und Geist werden es Ihnen danken.

* Fachbegriff „Protektor"

Ein Protektor ist eine am Körper getragene Schutzausrüstung. Sie ist dazu da, vor sehr starken Verletzungen zu bewahren. Besonders bei sturzgefährdeten und körperbetonten Sportarten bilden die Protektoren einen wichtigen Teil der Ausrüstung. Sie sind meist aus einer harten Schale, die der zu schützenden Körperzone angepasst ist, und einer dämpfenden Polsterung aufgebaut. Immer öfter kommen beim Skifahren und Snowboarden Rückenprotektoren aus schuppig überlagerten Einzelteilen zum Schutz der Wirbelsäule zum Einsatz. Auch beim Motor- und Reitsport werden sogar mit Airbag ausgestattete Protektoren verwendet.

Wir sind auf die Wertschätzung für unser Gegenüber, unsere Seele, unseren Körper eingegangen. Mit richtiger Bewegung und Ernährung zeigen sich auch unsere Gelenke wertgeschätzt, damit wir so lange wie möglich das tun können, was wir wollen.
Was die Ernährung für gesunde Gelenke tun kann, lesen Sie im Anschluss. Die richtige Unterstützung hilft, schmerzfreie Beweglichkeit zu erhalten oder zurückzubekommen.

TIPP 90

ERIKA MITTERGEBER

Welche Ernährung schützt vor Arthrose?

Mit Bewegung und richtigen Lebensmitteln lässt sich viel abfedern

Ein Drittel der über 60-jährigen Frauen leidet an Arthrose. Diese Gelenkserkrankung verursacht oft starke Schmerzen und Gelenksentzündungen. Doch mit der richtigen Ernährung können Betroffene erfolgreich gegensteuern.

Lebensstil statt Gene

Das Thema Gelenkverschleiß bei Frauen nimmt bei meinen Ernährungsberatungen kontinuierlich zu: „Alle in meiner Familie haben Arthrose. Klar, dass ich das geerbt habe", bekomme ich häufig zu hören. Allerdings sind nicht die Gene für Arthrose verantwortlich. Die Ursachen liegen häufig in unserem Lebensstil: Durch langjährige zu geringe Beanspruchung (körperliche Inaktivität), auch zu hohe Belastung (Übergewicht, Arbeit, extremer Sport), als Folge von Unfällen oder durch Gelenkfehlstellungen reiben sich die Gelenkflächen mehr ab, als der Körper wieder aufbauen kann. Es kann dadurch zu entzündlichen Vorgängen im Gelenk kommen, die Schmerz, Schwellung und Bewegungseinschränkung verursachen.

Gelenke lieben Wasser und Pflanzliches

Am besten wäre es natürlich, es gar nicht so weit kommen zu lassen. Was kann man also von der Ernährungsseite her für gesunde Gelenke empfehlen? Hier die wichtigsten Tipps: Trinken Sie genug Wasser! Der Knorpel hat keine eigene Blutgefäßversorgung und muss über die Gelenksflüssigkeit ernährt werden. Der Nährstoffaustausch gelingt nur, wenn genug Wasser im Körper zur Verfügung steht. Halten Sie Ihr Normalgewicht! Hüftgold und Bierbauch belasten vor allem Sprung-, Knie- und Hüftgelenke im Übermaß. Finger weg von Diäten! Damit verlieren Sie nur wertvollen Muskel, der die Gelenke stabilisiert. Gehen Sie lieber einen langsameren, muskelerhaltenden Weg der Gewichtsabnahme.
Leben Sie annähernd vegetarisch! So stellen Sie eine optimale Versorgung mit gelenkfreundlichen Vitaminen und Mineralstoffen sicher.
Essen Sie täglich 250 Gramm Obst, 400 Gramm Gemüse und Getreidevollkornprodukte. Aktuelle Daten zeigen eine positive Wirkung auf Körpergewicht und Schmerzen.

Für die praktische Umsetzung dieser Empfehlungen wenden Sie sich am besten an Diätologen und Ernährungswissenschafter. Denn vom Wissen, was gut für einen wäre, hin zu besseren Essgewohnheiten braucht es manchmal Unterstützung.

TIPP 91

ELFRIEDE ZÖRNER

Ticken Sie richtig?

Rhythmus von An- und Entspannung bestimmt unser Leben

Manchmal haben wir den Eindruck, dass unser Leben aus den Fugen gerät: So vieles strömt von außen auf uns ein, so manches wird uns abverlangt und oft setzen wir uns selbst unter Druck. Wie gelingt es uns, wieder kraftvoll in unsere Mitte zu kommen? Das Leben aller Organismen wird von Anfang an von einem chronobiologischen Rhythmus bestimmt. Er steuert Zellteilung, Herzschlag, Atmung, Schlaf-Wach-Phasen, Hormonausschüttung und viele weitere lebenswichtige Funktionen. Deshalb hilft es uns besonders in Anspannungszeiten, auf unsere Taktung zu achten. Vorzubeugen ist noch besser. Nehmen Sie sich bereits am Morgen Zeit, sich besinnlich auf den Tag einzustimmen: Wählen Sie dafür zur gleichen Uhrzeit stets die gleiche Position. Es kommt darauf an, bewusst den neuen Tag als Geschenk zu betrachten. Das etwas frühere Aufwachen lohnt sich! Nicht nur kleinen Kindern fällt der Alltag mit Ritualen leichter, auch uns Erwachsenen helfen sie, uns zu strukturieren, speziell in Umstellungs- und Übergangssituationen.

Schritt für Schritt zur inneren Ruhe

Besonders wohltuend erleben wir unsere natürliche Rhythmik beim gleichmäßigen, ausdauernden Gehen. Unsere Atmung verbessert sich und mit den Schritten schwingt unser ganzer Körper: Unser Geist wird wieder frei, die Sinne werden geschärft und die Seele kommt zur Ruhe. Darum finden mehr und mehr Menschen Freude am Pilgern. Das Pendel zwischen Anspannung und Entspannung – und das Leben braucht beides – soll gleichmäßig schwingen. Um wieder richtig zu ticken, soll Ihre Entspannungszeit gleich der Anspannungzeit sein.

DEZEMBER

Die Advent- und Weihnachtszeit ist unweigerlich mit Geschenken verbunden. Aber woher stammt eigentlich dieser Brauch, der uns um Weihnachten herum so viel Freude schenkt – aber häufig auch Stress verursacht?

Schenken ist eine uralte Tradition und fest in der Geschichte der Menschheit verwurzelt. Noch vor der Einführung des Handels übergaben Besucher einem anderen Stamm ein kleines Mitbringsel, um ihre freundschaftlichen Absichten zu unterstreichen. Der französische Ethnologe und Soziologe Marcel Mauss bezeichnet diesen Vorgang in Anlehnung an Rousseau als „Gesellschaftsvertrag der Naturvölker", um Frieden zu stiften. Nicht nur andere Menschen, sondern auch allmächtige Götter sollten durch Geschenke milde gestimmt werden. Die alten Germanen brachten im Winter dem Hauptgott Odin Opfer, um sich so vor seinem Zorn zu schützen. Und in der Bibel wird eine Opfergabe von Kain und Abel erwähnt, mit der sie Gott für die reiche Ernte danken wollten.

Ursprünglich war Weihnachten jedoch gar nicht mit Schenken verknüpft. Stattdessen brachte der Nikolaus am 6. Dezember kleine Gaben, zum Beispiel Nüsse und Früchte. Erst im 16. Jahrhundert wurde dieser Brauch von Martin Luther für die Protestanten durch den Heiligen Christ ersetzt, der sich später in das Christkind verwandelte. Jahre später zogen dann auch die Katholiken nach. Zum Nikolaus und Christkind ist mittlerweile eine dritte Figur hinzugetreten: der Weihnachtsmann. Ursprünglich eine optische Verschmelzung aus dem Nikolaus und seinem jeweiligen Helfer, brachten die Niederländer ihn als Sinterklaas nach Amerika in das heutige New York. Dort wurde er zum Santa Claus. Nach und nach wurden ihm immer mehr Attribute zugeschrieben, wie beispielsweise Rentiere und eine Fellmütze. Einem weit verbreiteten Irrglauben zufolge ist der Weihnachtsmann in seinem roten Gewand eine reine Erfindung von Coca-Cola.

Auch wenn der christliche Gedanke nicht mehr überall im Vordergrund steht, werden Geschenke doch immer mit Verbundenheit assoziiert – an andere denken. So haben sich gerade in den letzten Jahrzehnten viele gute karitative Aktionen für Benachteiligte, Beeinträchtigte, Einsame und Ausgeschlossene entwickelt. Firmen spenden für „Licht ins Dunkel" und andere Aktionen, Mitarbeiter geben für kranke Kollegen, Schüler für die Ausbildung von Mädchen in Afrika etc. Diese Liste ließe sich beliebig fortsetzen.

FRANZ LANDERL

Advent als stillste Zeit

Das Großereignis Weihnachten vorzubereiten, braucht Zeit und Kraft

Wir reden in diesen Tagen von der „stillsten Zeit im Jahr" und erleben doch so viel Unruhe und Hektik. Jeder erzählt seinem Gegenüber, wie viel Stress er denn habe, und ist erst recht „gestresst", wenn er mit weniger Adventfeiern aufwarten kann als der Kollege oder die Freundin.

Muss es im Advent überhaupt ruhig und still sein? Ist die Vorbereitung auf ein Großereignis wie das Weihnachtsfest nicht unweigerlich mit Zeit und Energie verbunden? Drückt das Reden vom „gestressten Adventzauber" nicht vielleicht unsere Grundbefindlichkeit das ganze Jahr über aus, die dann in dieser Jahreszeit ein schlechtes Gewissen in uns schürt? Rasen wir etwa schon seit Monaten oder gar Jahren über dem Limit durchs Leben? Jede Zeitschrift, jede Talkshow, jede gute Nachbarin weiß immer früher und immer detaillierter, wie man im Advent dekoriert, wie man noch süßeren Punsch, köstlichere Kekse, hellere Lämpchen, kurz: eine noch üppigere Show vorbereitet. Weihnachten ist dann nur mehr die „finale Draufgabe". Könnten wir es im Advent nicht einmal umgekehrt versuchen? Nicht noch größeren Aufwand betreiben, sondern uns auf das Wesentliche reduzieren, zurückfahren. Neben der Hektik auch Augenblicke des Rückzugs, des Feierfastens, der Ruhe einplanen.

Wie könnte das gehen?

Licht ins Dunkel: Einmal am Abend lang die Symbolkraft des Adventkranzes mit seinen vier unscheinbaren Kerzen genießen. Eine Wanderung durch die Stille der Nacht absolvieren. Nur wer die Dunkelheit ernst nimmt und zulässt, spürt die Sehnsucht nach dem Licht. Nur wer die Stille zulässt und genießt, hält dann auch das Laute und Glitzernde aus.
Weniger ist mehr: Wir verzichten an gewissen Tagen auf bestimmte Speisen wie etwa Kekse, belassen es bei der Vorfreude. Verzichten vielleicht auf einen Punsch zugunsten von bedürftigen Menschen.
Geben statt nehmen: Vielfach können wir uns nicht wehren gegen die nette, heimelige und ansprechend dargebotene „Stille-Nacht-Musik" und andere einsäuselnde Untermalung beim Shoppen. Aber wäre es nicht auch möglich, selbst zu musizieren, Christbaumschmuck

zu basteln, Weihnachtspost zu schreiben wie in alten Zeiten? Oder gar Menschen, die es nicht erwarten, eine Freude zu machen, ihnen etwas zu schenken oder sie zu besuchen? So kann Advent anders verlaufen. So kann der Trend vom Beschenktwerden hin zum Schenken auch gelingen. Sie würden Aufsehen erregen!

Wie wäre es, heuer selbst gebackene Kekse zu verschenken? Das hat den Vorteil eines „selbst gemachten" Geschenkes, wo persönliche Geschmacksvorlieben des Beschenkten einfließen können. Und wenn man auch noch auf gesunde Rezeptvarianten zurückgreift, dann sind die Gewissensbisse wegen der Kalorienbomben nur halb so groß.

TIPP 93

JUTTA DIESENREITHER

Es weihnachtet sehr – mit gesunden Keksen

Linzer Augen, Vanillekipferl, Kokosbusserl und Co.

Es duftet nach Zimt, Lebkuchengewürz und Nüssen. Was wäre die Adventzeit ohne köstliches Weihnachtsgebäck! Hier zu widerstehen, erfordert enorm viel Selbstdisziplin. Wer die nicht aufbringen will, wählt einen vernünftigen Mittelweg zwischen völligem Verzicht und maßloser Schlemmerei. Damit ist garantiert, dass auch das Körpergewicht nicht gleich nach oben schnellt. Welche Tipps und Tricks gibt es nun, den kulinarischen Genüssen der Vorweihnachtszeit ohne schlechtes Gewissen zu huldigen?

Gewusst wie

Wir kennen sie alle, die Klassiker am Keksteller wie Vanillekipferl, Mürbe Sterne und Linzer Augen. Sie werden aus Mürbteig zubereitet, der leider viel Fett enthält. Deshalb sollten wir uns von diesen Keksen immer nur maximal je ein Stück zum Kaffee gönnen. Kalorienbewusst ist es nämlich, Kekse aus fettarmen oder fettfreien Teigen auszuwählen, dazu zählen Lebkuchen, diverse Busserl, Mandelbögen oder Windbäckerei. Gesund sind Bäckereien mit Nüssen und Trockenfrüchten, weil sie zur Deckung unserer täglichen

Vitamin- und Mineralstoffzufuhr beitragen. Von zusätzlichem Gesundheitsnutzen wäre es, den Mehlanteil der Rezepturen zu einem Drittel durch Vollkornmehl zu ersetzen. Das Vollkornmehl (Dinkel oder Weizen) sorgt für längere Sättigung und einen stabilen Blutzucker, und die nützlichen Ballaststoffe bringen unsere Verdauung in Schwung.

Personen, die auf ihr Körpergewicht achten, sollen – nicht nur zur Weihnachtszeit – das Drei-Mahlzeiten-Prinzip anwenden. Dabei werden ein Frühstück, ein Mittag- und ein Abendessen genossen, aber dazwischen wird für vier bis sechs Stunden nichts gegessen und auch kein gezuckertes Getränk getrunken. Kaffee und drei Stück Kekse sollten gleich nach dem Mittagessen zu sich genommen werden, damit der Körper ausreichend Zeit dazwischen hat, in den Fettstoffwechsel zu schalten.

Adventliches Früchtebrot

Zubereitungszeit: ca. 45 Minuten (+ 45 Minuten Backzeit bei 160 °C)

Zutaten:
Je 50 g Aranzini, Zitronat, Rosinen, Datteln
80 g Kochschokolade
120 g Mehl (halb Vollkornmehl)
5 Eier
60 g Staubzucker
80 g Butter
60 g Staubzucker
80 g geriebene Nüsse
1 Packung Backpulver
Staubzucker zum Bestreuen

Zubereitung:
Backrohr auf 160 °C vorheizen.
Aranzini, Zitronat, Rosinen, Datteln und Kochschokolade klein schneiden und mit etwas Mehl vermengen.
Eier trennen und Eiklar mit Staubzucker zu steifem Schnee schlagen.
Zimmerwarme Butter mit Staubzucker schaumig rühren und nach und nach die Eidotter einrühren.
Restliches Mehl mit Haselnüssen und Backpulver vermischen und mit einem Teil Eischnee unter die Masse rühren.
Restlichen Schnee vorsichtig unterheben.
Die Masse in eine gefettete, bemehlte Kastenform füllen.
Im vorgeheizten Backrohr bei 160 °C ca. 45 Minuten backen.

Früchtebrot auf ein Brett stürzen und auskühlen lassen.

Erst am nächsten Tag mit Staubzucker bestreuen und aufschneiden.

TIPP:

Vor dem Backen den Teig der Länge nach in der Mitte mit etwas Feinkristallzucker bestreuen. Das verhindert, dass er beim Backen aufreißt.

Das adventliche Früchtebrot bleibt lange frisch und saftig.

Haferflocken-Rosinen-Kekse

Zutaten:

1 Ei

115 g zerlassene Butter

200 g Zucker

1 EL flüssiger Honig

50 ml Milch

210 g Dinkelvollkornmehl

1/2 TL Backpulver

1 TL Zimt

1 Prise Salz

125 g feine Haferflocken

125 g Rosinen

Zubereitung:

Backrohr auf 200 °C vorheizen.

Ei schaumig schlagen. Nach und nach zerlassene Butter, Zucker, Honig und Milch unterrühren.

Dinkelvollkormehl und Backpulver vermengen und sieben, mit Zimt und Salz mischen und unter die Eimasse heben.

Haferflocken und Rosinen in die Masse einarbeiten.

Für jedes Cookie einen gehäuften TL von der Masse abstechen und auf ein mit Backpapier belegtes Backblech setzen. Zwischen den Cookies je etwa 4 cm Abstand lassen (sie gehen etwas auf). Die Menge ergibt ca. 25 Stück.

8–10 Minuten im vorgeheizten Backrohr goldgelb und knusprig backen.

TIPP:

Wenn man im Umgang mit Vollkornmehl noch nicht so geübt ist, reicht es auch, 100 g Dinkelvollkornmehl und 110 g Dinkelmehl zu verwenden.

Als wäre Weihnachten wegen der unzähligen Geschenke, Feiern, Glühweine nicht schon stressig genug, kommt in dieser Zeit auch noch das leidige Thema Finanzen dazu. Für viele reicht das Weihnachtsgeld nicht aus, um alle Unkosten zu decken. Der Österreicher gibt fürs „Christmas-Shopping" nämlich im Schnitt über 400 Euro aus. Wenn am Ende des Geldes noch sehr viel Monat übrig ist, kaufen manche große Präsente oder Urlaube eben auf Pump. Jeder Zehnte rutscht wegen Weihnachten am Bankkonto ins Minus.

TIPP 94

CHRISTIAN HAIDER

Die Liebe und das „liebe" Geld

Man ist nicht kleinlich, wenn man dieses Tabuthema anspricht

Über Geld spricht man nicht, heißt es. Doch besonders in einer Beziehung sollten die Finanzen besprochen und eine Lösung gefunden werden, die für beide Partner passt. Geld ist eines der großen Themen, das immer wieder zu Konflikten bei Paaren führt. Entweder direkt oder auch indirekt, wenn zum Beispiel ein Paar so sehr mit dem Geldverdienen beschäftigt ist, dass keine Zeit mehr für die Paarbeziehung bleibt. Das lässt sich zudem sehr gut rechtfertigen, weil ja irgendwer die Rechnungen bezahlen muss. Meist ist es ein noch größeres Tabu als Sexualität, daher vermeiden wir gerne, darüber zu sprechen. Und ähnlich wie bei Sexualität liegt das auch daran, dass hier sehr viele Themen zusammenkommen und uns eigentlich nur das eine Wort, nämlich Geld oder Sex, zur Verfügung steht. Es überfordert oft schlichtweg. Häufig besteht auch die Angst, man könnte als kleinlich oder berechnend gesehen werden. Ein anderer Irrglaube ist, dass in einer echten Liebesbeziehung Geld kein Thema sein sollte. Oder dass gleich das Ende der Beziehung heraufbeschworen wird, wenn man über Geld spricht.

Finanzen von Anfang an klären
Wenn aus einem Paar eine Familie wird, wird das Geld erstmals zum Thema. Aber auch dann, wenn ein Partner länger arbeitslos ist, einer ein sehr teures Hobby hat oder eine Fortbildung machen möchte. Schwierig kann es sein, wenn beide Partner aus sehr

unterschiedlichen finanziellen Verhältnissen stammen oder ein Partner um vieles mehr verdient und sich einen anderen Lebensstil leisten kann. In vielen Beziehungen ist es immer noch so, dass der Mann mehr verdient als die Frau. Gleichzeitig hat der Mann oft die Hoheit über das Konto. In den meisten Fällen wird das von den Frauen so hingenommen. Zu groß ist die Angst vor den möglichen Konsequenzen, wenn sie da nicht mehr mitspielen würden.

Selbst in der jüngeren Generation sind wir weit weg von Gleichwertigkeit. Das beginnt damit, dass Frauen immer noch nicht gleich viel für die gleiche Arbeit verdienen. Dazu kommt, dass der Großteil der nicht bezahlten Arbeit, wie Kindererziehung und Hausarbeit, von Frauen geleistet wird und dass viele Frauen der Liebe oder der Kinder wegen auf eigene Karrieremöglichkeiten verzichten. Die finanziellen Auswirkungen werden oft erst bei einer Trennung spürbar.

Mehrkontenmodell hilft

Neben dem Ein- und Zweikontenmodell gibt es ja auch noch das Drei- oder Mehrkontenmodell. Wesentlicher als die Kontoform ist das, was man dabei verhandelt hat. Und „verhandeln" heißt, dass zwei Menschen sich etwas auf Augenhöhe ausmachen. Beim Dreikontenmodell überweist jeder sein Gehalt auf ein gemeinsames Konto; was am Ende des Monats übrig bleibt, wird auf zwei andere Konten aufgeteilt. Oder jeder überweist prozentuell ungefähr den gleichen Anteil auf ein gemeinsames Konto, von dem allgemeine Kosten bezahlt werden.

In guten Zeiten Gelddinge verhandeln

Wenn die Ziele, wofür das Geld ausgegeben werden soll, in einer Beziehung auseinanderdriften – also der eine gern das Eigenheim abbezahlen möchte, der andere aber eine teure Reise bucht –, gibt es kein objektives Richtig oder Falsch. Der Beziehungsforscher John Gottman empfiehlt bei Wünschen, in verhandelbare und nicht verhandelbare Bestandteile zu unterteilen und festzulegen, was die Minimalbestandteile sind, mit denen man zufrieden sein kann. Dann geht es nicht darum, wer beim Machtkampf gewinnt, weil es da ohnehin meist keinen Gewinner gibt, sondern konstruktiv nach einer Lösung zu suchen. Es braucht einen sicheren Rahmen, um so heikle Themen ansprechen zu können. Oft verzichten Partner – meist Frauen – der Harmonie wegen auf eine Auseinandersetzung und sagen, dass ihnen Geld nicht so wichtig sei. Aber letztendlich geht es auch um Selbstfürsorge: gut auf sich schauen zu können, auch in finanzieller Hinsicht. Wenn ein Partner für das gemeinsame Projekt – etwa die Familie – auf eigene Karrieremöglichkeiten verzichtet, wird ein Ausgleich oft ersehnt oder erwartet. Aber dieser muss gefordert und ausverhandelt werden – am besten auch notariell.

Als eine allgemeine Empfehlung an Paare macht es Sinn, die Beziehung vom Ende her zu denken. Wir streben zwar eine Beziehung auf Dauer an, aber die Statistik zeigt, dass fast die Hälfte aller geschlossenen Ehen oder Partnerschaften wieder beendet wird. Wir leben heute individualisierter als die Generationen vor uns. Daher sollte auch die Frage „Was ist, wenn wir uns trennen oder einer von uns früher stirbt als der andere?" diskutiert und verhandelt werden. Das ist in guten Zeiten immer einfacher. Dies durchzudiskutieren, ist kein Heraufbeschwören des Beziehungsendes. Meist ist Schweigen die größere Gefahr.

Es ist nicht nur das Geld, was zu den Festtagen Spannung hervorrufen kann. Viele andere Knackpunkte können für schlechte Stimmung sorgen. Wer besucht wann welche Familienmitglieder? Wer ist bei wem eingeladen? Wann kommt bei Patchworkfamilien das Christkind zu Mama und wann zu Papa? Wer kauft die Weihnachtsgans? Sind die Geschenke für die Geschwister eh gleichwertig? Ein Hindernislauf um allerlei Fettnäpfchen herum ist zu überwinden.

TIPP
95

ANDREAS URICH

Weihnachten ohne Konflikt und Stress

So geht's: viel planen, Mut zur Lücke, Arbeit aufteilen, Zeit schenken

Viele Menschen geraten bereits im November in Panik, wenn Sie an das bevorstehende Weihnachtsfest denken. Obwohl die Vorweihnachtszeit mit dem Weihnachtsfest selbst die ruhigste und besinnlichste Zeit sein sollte, wird sie von den meisten als sehr stressig, belastend und nervenaufreibend erlebt.

Nervenaufreibend

Eine Weihnachtsfeier jagt die andere, die Einkaufsstraßen sind überfüllt, die große Auswahl an Adventmärkten, die man an „nur" vier Wochenenden abklappern soll, viele Geschenke gehören ausgesucht, Kinder zeigen vorweihnachtliche Aufführungen, alle hoffen auf eine weiße Weihnacht, die Verwandtschaft gehört koordiniert – all das versetzt Menschen in Stress. Mit den folgenden Empfehlungen gelingen konflikt- und stressfreie Festtage.

Eine gute Planung gibt Sicherheit

Gerade in der Weihnachtszeit ist ein gutes Zeitmanagement von Vorteil. Schaffen Sie sich Pufferzeiten und verplanen Sie nicht Ihre gesamte Zeit. Führen Sie schriftliche Wochenpläne und arbeiten Sie erstellte Checklisten (Geschenke, Besorgungen für den Weihnachtsbaum, Weihnachtsessen etc.) ab.

Realistisches erwarten und nicht perfekt sein

Das Wetter am Heiligen Abend kann man sich nicht aussuchen, man kann sich entweder darüber ärgern oder es einfach annehmen und das Beste daraus machen. Weiße Weihnachten sind ohnedies mittlerweile die Ausnahme. Klären Sie im Vorfeld mit der Familie die verschiedenen Erwartungshaltungen ab, die aufeinanderprallen. Denn auch zu dieser Zeit lösen sich schwelende Konflikte nicht einfach in Luft auf. Informieren Sie auch die Kinder darüber. Information und Transparenz erhöhen die Kontrolle. Genauso wichtig ist es auch, schon im Vorfeld Regeln für Jugendliche einzuführen: welchen Ritualen sie beiwohnen sollen und ab wann sie sich mit ihren Freunden treffen dürfen.
Üben Sie sich in mehr Toleranz Ihnen selbst gegenüber. „Allen alles recht getan, ist eine Kunst, die niemand kann." So muss auch nicht die Wohnung oder das Haus glänzen oder es drei Tage hintereinander Fünf-Gänge-Menüs geben, die sehr aufwendig in der Planung und Zubereitung sind.

Qualität vor Quantität

Nicht jede Weihnachtsfeier ist eine Pflichtveranstaltung! Besuchen Sie nur jene Feiern, die Ihnen auch wirklich wichtig sind und die Sie bewusst genießen werden. Lernen Sie Nein zu sagen, um mehr Zeit zur Verfügung zu haben. Zeit ist generell und vor allem im Advent zu einem der wertvollsten Güter geworden. Planen Sie mit Ihrer Familie Aktivitäten, die Ihnen wirklich Freude bereiten.

Arbeitsaufteilung minimiert die Last des Einzelnen

„Geteiltes Leid ist halbes Leid." Weihnachten kann zum Familienprojekt werden, wenn die verschiedenen Aufgaben (Baum schmücken, Einkäufe erledigen, kochen etc.) verteilt werden. Das minimiert Stress und Streit.

Vorsicht Schuldenfalle

Geschenke sind wichtig, gar keine Frage. Abseits der Kinder, bei denen man oftmals nicht um die Highlights der Spielwarenindustrie herumkommt, kann auch Zeit geschenkt werden: Gutscheine für mögliche Hilfeleistungen wie Babysitten, Rasenmähen, Autoputzen oder gemeinsame Aktivitäten. Diese kosten „lediglich" Zeit und sind zusätzlich von persönlichem Wert. Rechtzeitiges Nachdenken oder Nachfragen erspart Enttäuschungen und Geld.

Schaffen von Komfortzonen

Es ist nicht notwendig, die gesamte Zeit vom 24. bis 26. Dezember mit der Verwandtschaft zu verbringen. Rückzugsorte und die eigenen Aus- und Ruhezeiten sind wichtig.
Ausgedehnte Spaziergänge helfen, den Stress zu minimieren. Vermeiden Sie während
dieser Zeit unangenehme Gesprächsthemen. Lenken Sie beim Auftreten von Konflikten
die Familienmitglieder durch getrennte Programmpunkte (Spiele, Kinobesuche, Spaziergänge) ab.

Wer oder was Sie ärgert, das bestimmen nur Sie selbst! Ärgern und aufregen können Sie
sich immer noch nach Weihnachten. Bleiben Sie relaxt!

Und wer von überquellenden Einkaufstaschen, ewiger Parkplatzsucherei oder endlosen
Schlangen an der Kasse die Nase voll hat, sollte diese mit Orangenduft und Lavendel-
aroma beruhigen.

TIPP 96

EVA FAUMA

Mit Gewürzen fit durch den Winter

Riechen und Schmecken fördern Gesundheit und Wohlbefinden

Die gesundheitsfördernde Wirkung von Gewürzen und Düften wird noch immer unterschätzt. Besonders in der Weihnachtszeit lassen sich damit verstärkt die Sinne anregen
und die Vorteile für Gesundheit und Wohlbefinden genießen.

Süße Vanillekipferl, Glühwein, der verlockende Duft von Zimt und Orangen – die Weihnachtszeit ist ein Fest für unsere Sinne.

Geheime Verführung

Die bewusste Wahrnehmung von Düften und Geschmäckern, wie von süßen Mandarinen
oder Lebkuchengewürzen im Gebäck, weckt nicht nur Erinnerungen in uns, sie stimuliert
auch den Speichelfluss und verführt dazu, etwas zu essen.

Wir greifen in der Weihnachtszeit gerne zu einem warmen Punsch, dessen Düfte sich um unsere Nasenschleimhaut schmiegen, schälen genussvoll heiße Maroni oder lassen uns geröstete Nüsse schmecken. Auch das Berühren dieser Lebensmittel liefert zahlreiche Informationen an unser Großhirn und die Amygdala, die Region im Gehirn, die für unsere Emotionen zuständig ist. Unsere Sinnesorgane sind die Wächter unseres Geschmacks, und wir treffen dank ihnen Entscheidungen, was für uns gut oder schlecht ist. Wer seine Sinne vernachlässigt, versäumt das Leben.

Traditionelle pflanzliche Arzneimittel

Bedenkt man die Größe einer Anisfrucht, einer Gewürznelke oder eines Safranfadens, ist es kaum zu glauben, wie hoch ihre Dichte an gesundheitsfördernden Inhaltsstoffen ist. Gewürze werden in ihrer Wirkung unterschätzt. Randvoll mit ätherischen Ölen und Phenolverbindungen* leisten sie einen wichtigen Beitrag zur Gesunderhaltung. Man muss sie nur verwenden.

Natürlicher Keimvertreiber

So enthält etwa Piment, auch als Neugewürz bekannt, das ätherische Öl Eugenol, das nachweislich ein breites antibakterielles Spektrum aufzeigt. Dieses sogenannte Nelken-öl, das sich auch in Gewürznelken findet, wird schon seit jeher zur Behandlung von Zahnfleischentzündungen verwendet. Das „Committee on Herbal Medicinal Products" hat Nelken übrigens als traditionelles pflanzliches Arzneimittel eingestuft. Um Entzün-dungen im Mund- und Rachenraum vorzubeugen, lohnt es sich, Gewürze dieser Art ab Herbst, wenn die Influenzagefahr am höchsten ist, öfter zu verwenden. Ebenso gilt Zimt als traditionelles pflanzliches Arzneimittel und wird gern bei Verdauungsbeschwerden mit leichten Krämpfen im Magen-Darm-Bereich sowie bei Völlegefühl und Blähungen eingesetzt.

Ätherische Öle

Die ätherischen Öle mit ihrer antibakteriellen Wirkung können unsere Sinne auf mehr-fachem Wege betören und die Gesundheit unterstützen. Der Nase nach folgen wir einem duftenden Apfelstrudel. Der Gaumen profitiert vom verführerischen Weihnachtsschmaus. Und wer sich müde fühlt, genießt ein Vollbad mit Rosmarin. Dafür kann man entweder die Nadeln kurz separat aufkochen oder dem Badewasser ein paar Tropfen ätherisches Öl zufügen. Es stärkt und macht munter. Die krampflösende Wirkung sorgt für die Entspan-nung sowohl der Muskulatur als auch der Seele. Zudem fördern die ätherischen Öle die Durchblutung, sodass das Bad nicht nur beruhigt, sondern auch stärkt.

Elixiere regen Verdauung an

Zum besseren Verdauen von schwerem Festtagsessen wurden schon seit jeher Kräuter-elixiere verwendet, etwa Schwedenbitter, Underberg oder Jägermeister. Es sind die mannigfaltigen Inhaltsstoffe zahlreicher Gewürze und Kräuter, die je nach Region immer schon angesetzt und sowohl vor als auch nach dem Essen verabreicht wurden. Bitter- und Gerbstoffe zum Beispiel können leber- und galletreibend wirken und regen die Sekretion von Verdauungssäften an. Klassiker sind Angelika, Melisse, Anis, Enzianwurzel, Wermut, Thymian und Wacholder. Auch Tees sind beliebt, wenn es im Magen zwickt. Kamille, Pfefferminze oder auch Süßholz leisten hier gute Dienste.

Kräuter beugen Infekten vor

Wie sieht es mit der Stärkung des Immunsystems aus? Viele Menschen sind ja besonders in dieser oft hektischen Zeit anfällig für Infekte. In Studien über zahlreiche traditionelle Kräuter und Gewürze konnte nachgewiesen werden, dass sie nicht nur antibakteriell, sondern auch antiviral wirken. Thymian, Oregano, Basilikum und Teebaumgewächse stehen an erster Stelle, wenn man sich gegen den Anflug von Erregern schützen will. Ob inhaliert, getrunken oder gegessen – wichtig ist der ständige Einsatz in der Küche. Weiters zählen Salbei, Zimt, Melisse und auch das Schwarzkümmelöl zu besonders effizienten Keimhemmern. Der Tee hat Kultur, wird aber gern unterschätzt.

Mein Tipp

Nehmen Sie einen halben Teelöffel mit Gewürzen oder einen ganzen Teelöffel mit getrockneten Kräutern, übergießen Sie sie mit kochendem Wasser und lassen Sie sie zehn Minuten zugedeckt ziehen. Ihr Körper und Ihr Immunsystem werden es Ihnen auf lange Sicht danken. Und vergessen Sie nicht: Immer bewusst genießen!

*Fachbegriff „Phenolverbindungen"

Diese gehören zur größten Gruppe der bioaktiven Pflanzenstoffe. Die drei wichtigsten Gruppen sind Flavonoide, Phenolsäuren und Tannine. Sie stärken unser Immunsystem und schützen uns vor Bakterien und Viren. Phenolverbindungen verringern das Herzinfarkt- und Schlaganfallrisiko, hemmen die Entwicklung verschiedener Krebsarten, sind starke Antioxidantien und schützen uns daher gut vor freien Radikalen. Darüber hinaus halten sie die Blutgefäße elastisch.

Um den Duft von so vielen Gewürzaromen und ätherischen Ölen zwischendurch zu neutralisieren, empfiehlt es sich, an die frische Luft zu gehen. Minusgrade und Schnee halten uns davon keinesfalls ab.

ANDREA HÜTTHALER

Schnee ist ein vielseitiges Sportgerät

Eine Winterlandschaft wird zum Fitnessstudio im Freien

Frischer Schnee und strahlender Sonnenschein sind Argumente genug, um rauszugehen und dem Wintersport zu frönen. Wer Spaß im Schnee haben will, für den sind die Rahmenbedingungen in Österreich ideal. Denn in Bezug auf Wintersport hat unser Land so einiges zu bieten.

So kann man beim Skifahren eine Vielzahl von Muskeln aktivieren: zum einen die sogenannten Bewegermuskeln und zum anderen solche, die für die Stabilisierung des Körpers zuständig sind. Beim Kurvenziehen werden Glücksgefühle frei und während der Liftfahrt können wir das Bergpanorama genüsslich betrachten.

Der Weg ist das Ziel

Neben dem Skifahren erfreut sich das Schneeschuhwandern in den letzten Jahren wachsender Beliebtheit. Außerhalb der Loipen und ausgetretener Pfade ziehen Sie Ihre eigene Spur im Schnee und genießen die Stille der verschneiten Landschaft. Bei ausreichender Schneelage können Sie so in Ihrer Nähe Kraft und Energie tanken, ohne lange Anfahrtswege in Kauf nehmen zu müssen. Hügel, Felder, Wiesen und unebenes Gelände reichen dafür aus. Beim Wandern mit den Schneeschuhen wird ihr Herz-Kreislauf-System sanft gefordert und die Kondition trainiert. Sie erleben die Langsamkeit als Genuss und den Weg als Ziel. Ein kräftiger Stockeinsatz und ein etwas schnelleres Tempo kommen einem optimalen Ganzkörpertraining gleich.

Maximaler Kalorienverbrauch

Es gibt nur wenige Sportarten, die so viele Kalorien verbrauchen wie Langlaufen. Da wird die Winterlandschaft quasi zum Fitnessstudio. Wer erstmals vom breiten Alpinski auf die schmalen Latten vom Langlauf umsteigt, wird zunächst demütig. Koordination und Gleichgewicht sind gefordert, doch schnell hat man den Dreh heraus. Durch klassisches Langlaufen wird die Ausdauer enorm verbessert. Dabei aktiviert der komplexe Bewegungsablauf schon bei mäßiger Geschwindigkeit 95 Prozent der Muskulatur – Arme, Beine, Rücken, Bauch und Po.

Das klassische Langlaufen gibt es noch in der Variante mit dem Cruiser-Ski. Der ist breiter und kürzer, etwas tailliert und schwerer als das klassische Modell. Cruiser-Skier laden dazu ein, die vorgegebene Spur zu verlassen und seine eigene zu ziehen. Technikfehler werden leichter verziehen und man steht stabiler. Nicht zu unterschätzen ist der Vorteil, dass die Verletzungsgefahr deutlich geringer als beim klassischen Skilauf ist.

Skaten, die Langlauf-Variante in Schlittschuhschritten, ist ein Wintersport, bei dem man schnell ins Schwitzen gerät. Es sieht einfach und elegant aus, ist aber ganz schön anstrengend. Immer mehr junge Menschen entdecken diese Sportart. Zum Glück wird auch immer mehr Gelände fürs Skaten präpariert.

Allen gemeinsam jedoch ist: Die körpereigenen Glückshormone Endorphin, Serotonin und Dopamin* werden bei all diesen körperlichen Vergnügungen im Schnee ausgeschüttet. Und oft wird die Gesichtsmuskulatur ganz nebenbei durch ein Lächeln mittrainiert!

*Fachbegriffe siehe Seite 33 (Serotonin) und Seite 51 (Dopamin)

Langlauf und Schneeschuhwandern sind für die ältere Generation sportliche Alternativen zum Spazierengehen oder Skifahren. Im Alter heißt es, Gewohntes loszulassen und sich neu zu orientieren – nicht nur bei der Wahl der Sportarten.

TIPP 98

GERLINDE STROPEK

Die Kunst des Älterwerdens

Wie die Stolpersteine in die Pension umgangen werden

Der Mensch wird von allein alt. Aber ob sein Alter gelingt, hängt ein Stück weit von jedem selbst ab. „Es ist eine hohe Kunst, in guter Weise älter zu werden", sagt Benediktinerpater Anselm Grün. Jeder Lebensabschnitt bietet etwas Schönes – auch und besonders der Ruhestand.

Nach dem Berufsleben folgt die Ernte

Der Übertritt vom Arbeitsleben in die Pension, das „Loslassen" dessen, was war, fällt nicht immer leicht. Da liegen einige Stolpersteine am Weg. Zum einen, weil man sich eingestehen muss, dass man mit seinen Kräften haushalten soll und es jetzt gemütlicher werden darf. Menschen, die in ihrem Job aufgegangen sind, fallen oft in ein Loch, wenn sie in Pension gehen. Sie fragen sich, was sie jetzt tun sollen. Besonders jene, die sich vorher nicht damit auseinandergesetzt haben, was sein wird, wenn das Arbeitsleben einmal vorbei ist. Man muss lernen, Vergangenes loszulassen, um Neues zu finden.

Dieses Loslassen ist deshalb so schwierig, weil sich viele Menschen nur dann wertvoll fühlen, solange sie produktiv arbeiten. In der Pension fehlt ihnen dieses Gefühl. Oft geht es auch um die Sinnfrage – was hat mein Leben jetzt für einen Sinn? Psychoanalytiker Carl Gustav Jung hat das mit dem Stand der Sonne verglichen. Die Sonne ist zu jeder Tageszeit wichtig – auch am Nachmittag, wenn sich ihre Strahlen langsam zurückziehen. Das steht sinnbildlich für den Ruhestand. Es ist jene Zeit, in der man nach innen schauen kann. Es ist wie eine Ernte, ich kann aus meinen Erfahrungen schöpfen und etwas an andere weitergeben.

Da geht noch was

Doch man kann vorbeugen, um im Ruhestand nicht in ein Loch zu fallen. Im Idealfall baut man sich bereits vor dem Ruhestand ein soziales Umfeld auf. Ein Freundes- und Bekanntenkreis, unbedingt auch mit Jüngeren, kann viel abfangen. Die Jüngeren haben neue Ideen und ich kann meine Erfahrungen einbringen. Durch diesen Austausch lernen und profitieren alle voneinander.

Dann geht es darum, zu schauen, wo die eigenen Interessen liegen, und dort Anschluss zu suchen – etwa in einer Wandergruppe oder bei einem Seniorentreff. Viele sehen nur noch das Negative, was ihnen alles wehtut und was sie deshalb nicht mehr machen können. Natürlich gibt es körperliche Beschwerden, aber man kann sehr wohl an seiner Einstellung und inneren Haltung arbeiten. Was bietet mir das Leben in diesem Abschnitt noch? Und da gibt es wirklich viel! Man muss nur rechtzeitig die Rahmenbedingungen schaffen, damit keine Trägheit entsteht und man nicht in Selbstmitleid zerfließt.

Grundsätzlich sind drei Säulen besonders wichtig: ausreichend Bewegung, wenn man gesundheitlich gut drauf ist, eine ausgewogene Ernährung und das seelische Wohlbefinden.

Paare in der Pension

Damit sich ältere Paare nicht gegenseitig auf die Nerven gehen, müssen sie sich wieder neu „entdecken". Wichtig ist, dass sich die Partner gegenseitig persönliche Freiräume lassen und sich eigene soziale Kontakte knüpfen. Sie sollten nicht alles ausschließlich gemeinsam machen, sondern sich ihre eigenen Interessen bewahren. Dann haben sie etwas, das sie sich erzählen können, und das Paar lernt, sich neu zu begegnen.

Wenn der Partner verstorben ist, gibt es auch für alleinstehende Senioren viele Angebote. Nach der Trauerphase sollte man unbedingt wieder seinen Interessen nachgehen. Man ist es auch dem verstorbenen Partner schuldig, sein eigenes Leben zu leben.

Sein Lebensziel festzulegen oder Glück zu definieren, gehört zu den ganz großen Aufgaben unseres Seins. Die einen wollen reich werden, die anderen alt. Doch ein Sprichwort besagt: „Es ist nicht wichtig, sein Leben mit vielen Jahren zu füllen. Wichtig ist es, seine Jahre mit viel Leben zu füllen."
Also spekuliert man besser nicht darauf, dass man lange leben wird. Und wartet nicht auf den perfekten Augenblick, sondern füllt die gegebene Zeit mit Leben. Sei es mit etwas Konkretem wie auf einem Elefanten zu reiten, ein Buch zu schreiben, einen Berg zu erklimmen, mit einem liebevollen Partner alt zu werden. Oder sei es etwas Abstrakteres wie persönliche Entwicklung, andere zu inspirieren, unabhängig zu sein oder etwas Unvernünftiges tun. Die Basis all dessen ist, sich selbst zu lieben.

ANDREAS URICH

Selbstwert als Lebensziel

Denken Sie an Ihre Stärken statt an Ihre Schwächen

Viele Menschen nützen die Zeit zwischen Weihnachten und Silvester, um das vergangene Jahr Revue passieren zu lassen und zu überlegen, was die nächsten Monate bringen werden.
Eine gute Gelegenheit, sich einmal mit sich selbst zu beschäftigen. Überlegen Sie: Wie sehr mögen Sie sich? Was für ein Bild über sich selbst haben Sie? Viele Menschen sind mit sich kritisch, betrachten vor allem ihre Schwächen statt ihre Stärken. Das ist für ein positives Selbstbild und einen hohen Selbstwert nicht gerade förderlich. Daran zu arbeiten, lohnt sich.

Prägend für die Entstehung des Selbstbildes sind die ersten Lebensjahre, in denen uns die Eltern, die Schule und das Umfeld sagen, wie die Welt funktioniert und wie wir selbst funktionieren sollen. Wenn ein Kind ständig hört, was es nicht kann, und zusätzlich das Gefühl erhält, nie zu genügen, so entsteht ein negatives Selbstbild.

Gedanken umlenken

Aber das, was ich über mich denke, passiert nur in der Vorstellung und ist somit jederzeit veränderbar. Damit ein positives Selbstbild und ein hoher Selbstwert entstehen, braucht es eine hohe Dosis Selbstliebe, die radikale Selbstakzeptanz der eigenen Person. Was kann ich dafür tun? Zum Beispiel: Zeit mit sich selbst verbringen, Termine vereinbaren, an denen man sich Gutes tut. Denn das bedeutet: Ich bin mir wichtig, ich bin es mir wert.

Drei positive Dinge notieren

Zusätzlich kann ein Freude- und Erfolgsbuch angelegt werden, in dem täglich drei Dinge, die einem gut gelungen sind, die schön waren und für die man dankbar ist, notiert werden. Dies fördert das positive Denken über sich selbst.

Verlassen Sie Ihre Komfortzone und probieren Sie allein Aktivitäten aus, die Sie noch nie gemacht haben. Das muss jetzt nicht eine Weltreise oder Bungee-Jumping sein. Ein Besuch im Kino oder am See ganz ohne Begleitung ist für den Selbstwert sehr förderlich. Verbannen Sie ab sofort negative Gedanken über sich selbst und ersetzen Sie diese durch positive. Unsere Gedanken sind der Anfang von allem und sie sind lenkbar – auch in die positive Richtung. Durch ein hohes Maß an Selbstliebe – damit ist nicht Arroganz oder Egoismus gemeint – gelingt es viel besser, zu anderen Menschen Beziehungen aufzubauen und empathisch zu sein. Die Voraussetzung dafür sind der Zugang und das Erkennen der eigenen Bedürfnisse, die ein selbstbestimmtes, selbstliebendes Leben ermöglichen.

Wir Lebens- und Sozialberater/innen hoffen, dass der eine oder andere Tipp eine Anregung für Ihr Leben ist, und wünschen Ihnen für die Umsetzung alles Gute.

Die Qualitätskriterien der Lebens- und Sozialberatung

Woran ist qualifizierte Persönlichkeitsberatung erkennbar?

Der/Die Berater/in besitzt den Gewerbeschein „Lebens- und Sozialberatung".
Um diesen zu erhalten, sind die Absolvierung einer mindestens fünfsemestrigen zertifizierten Ausbildung sowie eine professionell begleitete Selbsterfahrung und eine fachliche Tätigkeit von 750 Stunden, die sich u. a. aus Praktikum, Protokollen von Beratungsgesprächen, Seminarassistenz und Literaturstudium zusammensetzt, unter Supervision nachzuweisen. Erst anschließend darf psychologische Beratung selbstständig angeboten und die Berufsbezeichnung „Diplom-Lebensberater/in" geführt werden. Diese Kriterien sind in einem Bundesgesetzblatt geregelt – ebenso die Standesregeln. In diesen sind unter anderem auch die gesetzliche Verschwiegenheitspflicht und das Mindestausmaß der jährlichen Weiterbildung festgehalten.

Ein aufrechter Gewerbeschein lässt sich im Firmenverzeichnis der Wirtschaftskammer überprüfen.

Zur Berufsgruppe „Lebens- und Sozialberatung" gehört auch die sportwissenschaftliche Beratung, diese erfordert den Abschluss eines einschlägigen Studiums, sowie die Ernährungsberatung. Auch hier ist das Studium Ernährungswissenschaften bzw. eine Diätologie-Ausbildung nachzuweisen. Diese Berater/innen sind im Firmenverzeichnis ebenfalls entsprechend ausgewiesen und arbeiten in ihren Fachbereichen.

Neben diesen leicht überprüfbaren Berechtigungen ist qualifizierte Beratung auch an folgenden Kriterien zu erkennen:

- Werden Sie vorab über die angebotene Dienstleistung entsprechend informiert (persönlich, Flyer, Homepage)?
- Erhalten Sie eine genaue Kosteninformation? 2019 liegt der Satz für eine Beratungseinheit für Privatpersonen zwischen 70 und 90 Euro, für Firmen etwa zwischen 120 und 160 Euro. Ein seriöses Preisangebot sollte weder darunter noch stark darüber liegen.
- Wird mit Ihnen beim Erstgespräch der Beratungsauftrag geklärt? Um welches Anliegen geht es Ihnen konkret, welches Beratungsziel soll erreicht werden, welcher Beratungsverlauf ist geplant …
- Erfolgt die Beratung wertschätzend, streng vertraulich und unter Achtung Ihrer Individualität und Ihrer Selbstverantwortung? Dieser Punkt ist besonders zu bewerten!

- Aufgrund der Verschwiegenheitspflicht werden Sie nicht in einer Referenzliste aufscheinen – außer Sie erteilen ausdrücklich die Erlaubnis dazu. Wenn Ihr Unternehmen an einem betrieblichen Gesundheitsvorsorgeprojekt teilnimmt, dann kann es nach Rücksprache genannt werden, da dies Ihr Unternehmen als gesundheitsbewusst auszeichnet – doch Ihre Privatsphäre bleibt gewahrt!

Bei solchen Professionisten können Sie sich zu Persönlichkeitsentwicklung, zur Krisenbewältigung, Stress- oder Burn-out-Prophylaxe oder zu Ihrer persönlichen Gesundheitsvorsorge beraten lassen.

Tätigkeitskatalog

Die im Folgenden angeführten Tätigkeiten fallen unter das Gewerbe der Lebens- und Sozialberatung und dürfen daher nur aufgrund einer diesem Gewerbe entsprechenden Bewilligung ausgeübt werden:

Beratung, Coaching, Counselling und Betreuung von Personen oder Institutionen
1. in **Fragestellungen über die Persönlichkeit, sozialen Beziehungen, Kommunikation, den Beruf und Lebensabschnitt,** insbesondere in den Gebieten
- Persönlichkeitsentwicklung
- Selbstfindung
- Problemlösung
- Verbesserung der Beziehungsfähigkeit sowie psychologische Beratung (mit Ausnahme der Psychotherapie)

2. in **ernährungsbezogenen und ernährungswissenschaftlichen Fragestellungen,** insbesondere in den Gebieten
- Ernährung von gesunden Personen
- Ernährung spezifischer Personengruppen, wie Säuglinge, Kinder, Jugendliche, Schwangere, Stillende, Sportler, ältere Menschen
- Ernährungssoziologie, Ernährungsökologie, Ernährungsökonomie
- Ernährungslehre und Ernährungspädagogik
- Ernährungsphysiologie
- Ernährungsforschung
- Public Health (Ernährungsaufklärung, -information, Öffentlichkeitsarbeit Prävention)
- Ernährungswirtschaft
- Qualitätsmanagement im Ernährungsbereich
- Lebensmitteltechnologie und Produktentwicklung
- Ernährungsjournalismus, Wissenschaftsjournalismus und Ernährungsinformation

3. in **sportwissenschaftlichen Fragestellungen,** insbesondere in den Gebieten

- Trainingswissenschaft
- Bewegungswissenschaft
- Sportbiomechanik
- Sportphysiologie
- Sportpädagogik
- Sportjournalismus, Wissenschaftsjournalismus und Sportinformation

Nähe Informationen zur Berufsgruppe Lebens- und Sozialberatung sowie zu den gesetzlichen Bestimmungen erhalten Sie unter www.lebensberater.at und bei der Wirtschaftskammer in Ihrem jeweiligen Bundesland.

Mag. Franz Landerl
Berufsgruppensprecher der LSB OÖ

www.lebensberater.at

Autorenverzeichnis

Mag.phil. Günther Bliem

Psychotherapeut & psychologischer Berater; Ampflwang

Beratungsschwerpunkte: Persönlichkeitsentwicklung, Entwicklungspsychologische Beratung, Paar- & Familienberatung, Coaching, Supervision

Jutta Diesenreither

Diätologin; Wilhering

Beratungsschwerpunkte: Geriatrie, Pädiatrie, Gesundheitsprävention, Gesundheitsförderung

Mag.ᵃ Eva Fauma

Ernährungswissenschafterin, Autorin; Linz

Beratungsschwerpunkte: Ernährung, betriebliche Gesundheitsförderung, Erwachsenenbildung, klinische Ernährungsmedizin und Gesundheitsmanagement, alternative Methoden

Mag. Mario Frei

Sportwissenschaftler; Linz

Beratungsschwerpunkte: Lauftraining, Leistungsdiagnostik, Trainingsplanung

Mag.ᵃ Helga Gumplmaier

Lebens- und Sozialberaterin, psychologische Beratung; Zell am Moos

Beratungsschwerpunkte: Coaching, (Lehr)Supervision, berufliche Orientierung, wohnpsychologische Beratung

Mag. Christian Haider, BA

Lebens- und Sozialberater, psychologische Beratung; Eschenau

Beratungsschwerpunkte: IMAGO Paarcoaching, Begleitung bei Veränderungsprozessen, Sexualberatung, Supervision, Coaching

Mag.ᵃ Ariane Hitthaller, MSc.

Ernährungswissenschaftlerin; Ottensheim

Beratungsschwerpunkte: Ernährung, Stress, Mikronährstoffe, Darmgesundheit

Gottfried Huemer

Lebens- und Sozialberater, psychologische Beratung; Laakirchen

Beratungsschwerpunkte: Stressprävention, Psychosomatik, Führungskräftecoaching

Mag.ᵃ Andrea Hütthaler

Sportwissenschafterin; Weyregg a. A.

Beratungsschwerpunkte: Rückengesundheit, Stabilisationstraining, Fitness, Senioren

Doris Kaiser

Lebens- und Sozialberaterin, Sexualberaterin, Paarcoach; Linz

Beratungsschwerpunkte: Sexualberatung für Frauen und Paare, Beratung für Frauen, die lernen wollen, ihren Körper zu lieben

Viktor Andreas Koch

Lebens- und Sozialberater, psychologische Beratung, Unternehmensberater; Grieskirchen

Beratungsschwerpunkte: Führungskräfte-Coaching, Supervision, Konflikte, Lehrlingsthemen

Mag. Franz Landerl

Lebens- und Sozialberater; St. Marien

Beratungsschwerpunkte: Supervision, Männerberatung, Familienberatung, Gruppenbegleitung

Mag.ᵃ Esther Lehermayr

Juristin, Lebens- und Sozialberaterin, psychologische Beratung, Alexander-Techniklehrerin; St. Georgen/Gusen

Beratungsschwerpunkte: Persönlichkeitsentwicklung, Achtsamkeitstraining, Finanzcoaching

Klaudia Lux

Lebens- und Sozialberaterin, psychologische Beratung, Mediatorin; Engerwitzdorf

Beratungsschwerpunkte: Coaching, Paarberatung, Teams, Mediation, Supervision

Erika Mittergeber, MAS

Diätologin; Puchenau

Beratungsschwerpunkte: Erkrankungen der Verdauung, Allergien, Essprobleme, Onkologie, betriebliche Gesundheitsförderung

Lisa Penn, BSc.

Diätologin; Enns

Beratungsschwerpunkte: Allergien, Darmgesundheit und Erkrankungen des Verdauungstrakts, Gewichtsmanagement und Essstörungen

Maria Reischauer

Lebens- und Sozialberaterin, psychologische Beratung, Mediatorin; Wels

Beratungsschwerpunkte: Coaching, Supervision, Kommunikationstraining

Mag. Manfred Simonitsch

Lebens- und Sozialberater, psychologische Beratung und Sportwissenschafter; Wels

Beratungsschwerpunkte: Bewegung körperlich + mental, Training/Massage/Coaching

Franz Steinberger

Lebens- und Sozialberater, psychologische Beratung; Lichtenberg

Beratungsschwerpunkte: Stressprävention, Gewohnheitsänderung

Mag.ᵃ Gerlinde Stropek

Lebens- und Sozialberaterin, psychologische Beratung,
Kunsttherapeutin; Gmunden

Beratungsschwerpunkte: Burn-out/Stress, onkologische Klienten,
Trauerbegleitung , Essstörung

Mag. Andreas Urich

Lebens- und Sozialberater, psychologische Beratung,
Lehrcoach und Lehrtrainer; Vöcklabruck

Beratungsschwerpunkte: Supervision, Krisenintervention,
Stressmanagement, Konflikt, Persönlichkeitsentwicklung

Mag.ᵃ Margit Wachter

Sportwissenschafterin und Dipl. Mentaltrainerin; Seewalchen

Beratungsschwerpunkte: Personal Coaching – Gesundheitsförderung
Bewegung – Mentale Fitness, Stressprävention – Rückenschule

Elfriede Zörner

Lebens- und Sozialberaterin, psychologische Beratung,
Salutovisorin®; Linz – Bregenz

Beratungsschwerpunkte: Burn-out-Prävention u. Stressmanagement
unter dem Aspekt der Salutogenese; Supervision, Coaching

Index

Bildnachweis